WILLKOMMEN!

a first course in

German

Activity Book

Paul Coggle and
Heiner Schenke

2nd **edition**

HODDER
EDUCATION
AN HACHETTE UK COMPANY

Orders: Please contact Bookpoint Ltd, 130 Milton Park, Abingdon, Oxon OX14
4SB. Telephone: (44) 01235 827720, Fax: (44) 01235 400454. Lines are open
from 9.00 to 5.00, Monday to Saturday, with a 24-hour message answering
service. You can also order through our website
http://www.hoddereducation.co.uk

If you have any comments to make about this, or any of our other titles,
please send them to educationenquiries@hodder.co.uk

British Library Cataloguing in Publication Data
A catalogue record for this title is available from the British Library.

ISBN: 978 0340 990766

First published 2009
Impression number 10 9 8 7 6 5 4 3 2 1
Year   2012 2011 2010 2009

Hachette UK's policy is to use papers that are natural, renewable and recyclable
products and made from wood grown in sustainable forests. The logging and
manufacturing processes are expected to conform to the environmental
regulations of the country of origin.

Cover photo © Martin Diebel/fStop/photolibrary.com
Ruth und Naemi von Julius Hübner, 1831 © bpk / Nationalgalerie, Staatliche
Museen zu Berlin. Foto: Andres Kilger
Illustrations by Barking Dog Art
Typeset by Phoenix Photosetting, Chatham, Kent
Printed in Malta for Hodder Education, an Hachette UK Company,
338 Euston Road, London NW1 3BH

Contents

Introduction

This *Activity Book* has been written to supplement and enhance the *Willkommen!* course book. It follows closely unit by unit the topics and language points introduced in the course book. It offers students the opportunity to both consolidate and extend their mastery of the language.

The *Activity Book* has been designed in such a way that it can also be used independently.

The overall pattern of work for each unit includes the following:

Übungen   A wide range of activities linked to the unit topics.

Grammatik   Grammar points introduced in a user-friendly way, followed by exercises practising the relevant points.

Mehr Vokabeln   Vocabulary extension based around the topics.

Und zum Schluss   This final section represents the culmination of the unit and offers students the opportunity to demonstrate under two separate headings the skills that they have acquired:

1 Sprechen   Here the topics covered in the unit are made personal to the student. The questions asked are open-ended, but have been designed within a strict framework. Model responses are offered in the Key.

2 Lesen   The reading passages have been selected from realia linked to the unit topics and adapted to the level of the language skills attained at a given stage of the course.

Students should find these final sub-sections both stimulating and challenging.

Key to the activities   This section provides answers to all of the activities. Model responses are given for personalised questions.

German–English Glossary   Although this does not claim to be comprehensive, it does provide English equivalents for most of the German vocabulary introduced in the *Activity Book.*

Here are the English equivalents of the main German instructions to the exercises:

Ergänzen Sie (, bitte).	*(Please) complete.*
Verbinden Sie (Teil A mit Teil B).	*Combine (part A with part B).*
Was fehlt?	*What is missing?*
Welches Wort fehlt?	*Which word is missing?*
Fragen Sie.	*Ask.*
Wie heißt es richtig?	*What's correct?*
Welche Frage (A) passt zu welcher Antwort (B)?	*Which question (A) matches which answer (B)?*
Welches Wort passt am besten?	*Which word fits best?*
Ordnen Sie den Dialog.	*Put the dialogue in the correct order.*
Was sagen Sie?	*What do you say?*

I | Guten Tag

Abschnitt A

Übungen

I Was gehört zusammen?

Verbinden Sie Teil A mit Teil B.

A	B
1 Guten	a Nikolai.
2 Wie heißen	b Ihr Name?
3 Wie heißt	c dein Name?
4 Wie ist	d Sie?
5 Wie ist	e du?
6 Ich heiße	f ist Timo Golz.
7 Mein Name	g Tag.

2 Formell (f) oder informell (inf)?

a Wie heißen Sie? (f)
b Wie heißt du? (inf)
c Wie ist dein Name? (inf)
d Wie ist Ihr Name? (f)
e Hallo. (inf)
f Guten Tag. (f)

3 Was fehlt?

Ergänzen Sie.

Tag – ist – Sie – ~~heißen~~ – Name – Ich –
heißen – du – wie

a Wie *heißen* Sie?
b Hallo. Wie heißt _du_?

c Mein _Name_ ist Bettina Ungermann.
d _Ich_ heiße Sebastian.
e Und _wie_ heißt du?
f Guten _Tag_. Wie _ist_ Ihr Name, bitte?
g Und _Sie_? Wie _heißen_ Sie, bitte?

Grammatik

Formell / Informell

Formell:
Sie → Wie heißen *Sie*?
Ihr → Wie ist *Ihr* Name?

Informell:
du → Wie heißt *du*?
dein → Wie ist *dein* Name?

I Formell oder informell?

Sehen Sie die Personen a–f an und ergänzen Sie die Fragen.

  (a) (b) (c) (d) (e) (f)

a Wie heißt _du_ ?
b Wie _ist_ _Ihr_ Name?
c _Wie_ heißen _Sie_ ?

d _Wie_ heißt _du_ ?
e Wie _heißen_ _Sie_ ?
f _Wie_ ist _dein_ _Name_ ?

Abschnitt B

Übungen

I Wie heißen die Wörter?

Ergänzen Sie.

A – M – T – a – s – W – t – T

a Guten T*ag*.
b Guten _orgen.
c Gu_en _bend.
d H_llo.
e Auf _ieder_ehen.
f _schüss.

2 Wann sagt man was?

Ergänzen Sie.

	Guten Morgen	Guten Tag	Guten Abend	Gute Nacht
14.00				
08.00	✓			
23.00				
10.00	✓			
18.30				

Grammatik

> **Großbuchstaben (*capital letters*)**
>
> Alle Nomen (*nouns*) beginnen mit einem Großbuchstaben:
>
> Mein Name ist Heinz.
> Guten Tag.
> Hallo, Herr Fuhrmann.
> Wie ist deine Telefonnummer?
>
> **Auch formell: Sie / Ihr**
> Sie → Wie heißen Sie?
> Ihr → Wie ist Ihr Name?

I Wie heißt es richtig? Groß oder klein?

Beispiel
WIE IST DEIN NAME? → Wie ist dein Name?
ICH HEISSE ... → Ich heiße ...

Achtung: HEISSE/N, aber heiße/n (Doppel S = ß)

a GUTE NACHT.

_____

b AUF WIEDERSEHEN.

_____

c ICH HEISSE ANNA.

_____

d GUTEN MORGEN, FRAU MATUSSEK.

_____

e MEIN NAME IST TIM.

_____

f WIE IST IHR NAME?

_____

g WIE HEISSEN SIE?

_____

h WIE IST DEIN NAME?

_____

Abschnitte A & B

Mehr Vokabeln

Mehr Begrüßungen	
Grüß Gott	In Süddeutschland / Österreich: Guten Morgen, Guten Tag, Guten Abend
Grüezi	In der Schweiz: Guten Morgen, Guten Tag, Guten Abend
Servus	In Süddeutschland / Österreich: Auf Wiedersehen
Auf Wiederschauen	Auf Wiedersehen

Übungen

1 Zahlen

Ergänzen Sie.

> sieben – vier – acht – zwei – sechs – neun – ~~eins~~ – drei – zehn – fünf

1 = _eins_

2 = _____

3 = _____

4 = _____

5 = _____

6 = _____

7 = _____

8 = _____

9 = _____

10 = _____

2

Rechnen Sie.

a drei + vier = _sieben_

b acht – fünf = _____

c sieben + zwei = _____

d vier + fünf = _____

e sechs + drei – sieben = _____

f acht – drei + vier = _____

g sieben – drei – zwei = _____

h eins + drei + zwei = _____

3 Acht große Städte in Europa

Einwohner in Millionen:

1 London 7,6

2 Berlin 3,4

3 Madrid 3,2

4 Athen 3,1

5 Rom 2,7

6 Paris 2,2

7 Lissabon 1,8

8 Hamburg 1,7

Neue Vokabeln	
Einwohner	_inhabitants_
Millionen	_millions_
, = Komma	

Schreiben Sie und sprechen Sie dann:

a *Nummer eins ist London. London hat sieben Komma sechs Millionen Einwohner.*

b Nummer zwei ist Berlin. Berlin hat _____ _____ .

c Nummer drei _____ _____ .

d Nummer _____ _____ .

e _____ _____ .

f _____ _____ .

g _____ _____ .

h _____ _____ .

Abschnitte C & D

Grammatik

Das Alphabet

Aussprache (Pronunciation)
Für die richtige Aussprache hören Sie zu!
(Kursbuch, Seite 15, Übung 13)

A	ah	J	yot	S	es
B	beh	K	kah	T	teh
C	tseh	L	el	U	oo
D	deh	M	em	V	fow
E	eh	N	en	W	veh
F	ef	O	oh	X	iks
G	geh	P	peh	Y	upsilon
H	hah	Q	koo	Z	tset
I	ee	R	air		

Umlaute: Ä Ö Ü

ß „ ess tsett" oder scharfes S

I Welche Buchstaben fehlen?

Ergänzen Sie.

---
m̸ – e – m – e – e – i – h – u – e – u – n – e – ß
---

a mein
b Nam_
c wi_
d hei_en
e b_tte
f ic_
g Si_
h d_
i T_lefon_um_er
j Handyn_mm_r

2 E-Mail-Adressen

Lesen Sie und sprechen Sie.

Beispiel
marionscholz@web.de → ist: m – a – r – i – o – n – s – c – h – o – l – z „at" web Punkt d – e.

a peterschmitt@web.de
b susimaus2@gmx.de
c m.wichmann8@yahoo.de
d axelmuskelmann@web.de
e i.kreuzer@alpha.com
f frankderbaer@yahoo.de

Mehr Vokabeln

Mehr Nummern und Adressen

Hausnummer	→ Meine Hausnummer ist …
Faxnummer	→ Meine Faxnummer ist …
E-Mail-Adresse	→ Meine E-Mail-Adresse ist ….

Abschnitt E

Übungen

I Welches Wort fehlt?

Ergänzen Sie.

wohne – in – Name – ~~komme~~ – Türkei – jetzt – heiße – Dänemark – aus – komme – ich

a Ich heiße Corinne Martin. Ich *komme* aus Frankreich, aus Toulon. Ich _____ in Hamburg.

b Mein _____ ist Elmar Schmeichel. Ich _____ aus Kopenhagen in _____, aber _____ wohne jetzt in Berlin.

c Ich heiße Gediz Yalman. Ich komme aus der _____ , aus Istanbul. Ich wohne _____ in Bremen.

d Ich _____ Elisabeth Fuhrmann. Ich komme _____ Wien in Österreich. Ich wohne jetzt _____ Hannover.

2 Welche Frage (A) passt zu welcher Antwort (B)?

Beispiel

I d Und woher kommen Sie, bitte? – Ich komme aus Nürnberg.

A
I Und woher kommen Sie, bitte?
2 Wie heißen Sie, bitte?
3 Wo wohnen Sie jetzt?
4 Wie ist Ihre Telefonnummer?
5 Und wie heißt du?
6 Und wie schreibt man das?

B
a Meine Telefonnummer ist 080-3754290.
b Ich wohne jetzt in Wien.
c Ich heiße Oli.
d Ich komme aus Nürnberg.
e Ich heiße Jennifer Kast.
f N – Ü – R – N – B – E – R – G.

3 Wie, wo, woher?

Ergänzen Sie.

a *Wie* heißen Sie?
b _____ kommen Sie?
c Und _____ wohnen Sie?
d _____ ist Ihr Name, bitte?
e Und _____ ist Ihre Handynummer?
f _____ wohnst du, Marion?
g Und _____ kommst du?
h _____ schreibt man das?

Grammatik

Verbendungen

Reguläre Endungen

ich →	-e	komme	wohne	heiße
du →	-st	kommst	wohnst	heißt
Sie →	-en	kommen	wohnen	heißen

Auch: trinken (*to drink*), hören (*to hear, to listen to*), studieren (*to study*)

Achtung! arbeiten (*to work*):
ich arbeite, du arbeitest, Sie arbeiten

1 Verbendungen

Ergänzen Sie.

i

a Wie heißt du?

Ich heiße Marion.

b Woher komm____ du?

Ich komm____ aus Berlin.

c Wo wohn____ du?

Ich wohn____ in London.

d Was studier____ du?

Ich studier____ Medizin.

e Was trink____ du?

Ich trink____ Tee.

f Was für Musik hör____ du?

Ich hör____ Musik von Amy Winehouse.

ii

a Wie heiß____ Sie?

Ich heiß____ Carsten Enke.

b Woher komm____ Sie?

Ich komm____ aus Wien.

c Wo wohn____ Sie?

Ich wohn____ jetzt in Salzburg.

d Was studier____ Sie?

Ich studier____ nicht. Ich arbeit____.

e Was für Musik hör____ Sie?

Ich hör____ klassische Musik.

2 Ein Porträt

Ergänzen Sie.

Hallo, ich **1** *heiße* (heißen) Sabine Ungermann.
Ich **2** _____ (kommen) aus
München. Ich **3** _____ (wohnen)
jetzt in Hamburg. Meine Telefonnummer ist
040-3576984 und meine Handynummer ist
01603655675. Meine E-Mail-Adresse ist
sungermann@yahoo.de. Ich
4 _____ (studieren) Mathematik

und **5** _____ (arbeiten) bei
Siemens. Ich **6** _____ (hören)
klassische Musik und Jazzmusik.

Neue Vokabeln	
ich arbeite bei	*I work for*

3 Und nun Sie!

Schreiben Sie ein Porträt.

Hallo, ich heiße _____

_____

Ich komme _____

_____

Ich wohne _____

_____

Meine Telefonnummer ist _____

_____

und meine Handynummer ist _____

_____

Ich arbeite bei / studiere _____

_____

Ich höre _____

_____

Mehr Vokabeln

Mehr Fragen und Antworten

Wo arbeiten Sie? → Ich arbeite bei Siemens,
BMW, etc.

Was studieren Sie? → Ich studiere Medizin,
Mathematik, etc.

Was trinken Sie? → Ich trinke Tee, Kaffee,
etc.

Was für Musik hören Sie? → Ich höre
klassische
Musik, Jazz etc.

Und zum Schluss

 I Sprechen

Ein Interview. Was sagen Sie?

a Guten Tag.

b Wie heißen Sie, bitte?

c Und wie schreibt man das? Bitte buchstabieren Sie.

d Woher kommen Sie, bitte?

e Wo wohnen Sie jetzt?

f Wie ist Ihre Telefonnummer?

g Und wie ist Ihre Handynummer?

h Wie ist Ihre E-Mail-Adresse?

i Wo arbeiten Sie? / Was studieren Sie?

j Was für Musik hören Sie?

 2 Lesen

Text A Wortspiel

Wie viele Wörter aus **Lektion I** finden Sie? Wir glauben, es gibt 30 Wörter.

G	U	T	E	N	T	A	G	A	V	A	U	S
E	N	T	S	C	H	U	L	D	I	G	E	N
B	I	T	T	E	A	B	E	R	S	I	E	U
U	N	A	R	S	C	H	R	E	I	B	E	N
R	U	M	W	O	H	E	R	S	T	A	J	A
T	L	W	I	E	D	E	R	S	E	H	E	N
S	L	I	E	G	E	N	V	E	N	N	T	U
O	H	N	A	R	N	E	I	N	K	E	Z	M
R	I	E	B	I	N	U	E	M	A	N	T	M
T	E	L	E	F	O	N	R	F	R	A	G	E
K	L	A	R	U	N	D	I	S	T	E	H	R
B	U	C	H	S	T	A	B	I	E	R	E	N

Text B & Text C
Die Homepages von Jana Roth und von Franz Schumacher
Lesen Sie Text B und Text C und ergänzen Sie dann die Informationen in der Box unten.

Hallo! Ich heiße Jana Roth. Ich komme aus Mainz, in Deutschland. Ich wohne jetzt in London. Meine Handynummer ist 07710974563. Meine E-Mail-Adresse ist Jana.Roth@ucl.ac.uk. Ich studiere Marketing hier in London. Ich höre klassische Musik und ich spiele Tennis.

Guten Tag. Mein Name ist Franz Schumacher. Ich komme aus Dresden. Ich wohne jetzt in München. Meine Telefonnummer ist 080-67021367 und meine Handynummer ist 01797884351. Meine E-Mail-Adresse ist franz.schuhmacher@gmail.de. Ich arbeite bei BMW in München. Ich höre Popmusik und ich spiele Fußball und Golf.

Ergänzen Sie die Informationen.

Name: Jana Roth	Name: Franz Schumacher
a Wohnort: _____	**a** Wohnort: _____
b Geburtsort: _____	**b** Geburtsort: *Dresden*
c E-Mail-Adresse: _____	**c** E-Mail-Adresse: _____
d Handynummer: _____	**d** Handynummer: _____
e Studium: *Marketing*	**e** Arbeit: _____
f Sport: _____	**f** Sport: _____

2 | Sprechen Sie Deutsch?

Abschnitt A

Übungen

1 Zwei Dialoge

Ordnen Sie die zwei Dialoge.

Dialog 1

a Auf Wiedersehen, Frau Peters.

b Gut, danke. Und Ihnen, Herr Schmeichel?

c Guten Tag, Frau Peters. Wie geht es Ihnen?

d Auf Wiedersehen, Herr Schmeichel.

e Das freut mich. *That pleases me*

f Ganz gut. *quite well*

1	2	3	4	5	6
c	b	f	e	a	d

Dialog 2

a Das freut mich.

b Tschüss, Sabine.

c Prima, danke.

d Hallo, Marianne. Wie geht es dir?

e Tschüss, Marianne.

f Hallo, Sabine. Es geht. Und dir?

1	2	3	4	5	6
d					

2 Welches Wort fehlt?

> geht's – wie – dir – Ihnen – nicht – Ihnen –
> Ausgezeichnet – Danke

a Wie geht es _____, Peter?

   _____, prima.

b Wie geht es _____, Herr Schmidt?

   _____, vielen Dank.

c Hallo, Tina, wie _____?

   Ach, _____ so gut.

d Frau de Grille, _____ geht es Ihnen?

   Gut, danke. Und _____?

Grammatik

Formell / Informell

Formell:
Sie → Wie geht es *Ihnen*? (großes I: *Ihnen*)

Informell:
du → Wie geht es *dir*? (kleines d: *dir*)

Gesprochenes Deutsch (*spoken German*):
geht es → *geht's*

Wie *geht es dir*, Tina? → Wie *geht's* dir, Tina?
Mir *geht es gut*. → Mir *geht's* gut.

(a) (b) (c)  (d) (e)

▌ Formell oder informell?

Sehen Sie die Personen a–e an und ergänzen Sie die Dialoge.

a Wie geht es *dir*?
Danke, mir geht's *gut*.

b Wie geht es _____?
Mir geht's _____.

c _____?
Danke, nicht _____.

d _____?
Danke, mir geht's _____.

e _____?
Ganz _____, danke.

Mehr Vokabeln

> **Wie geht's dir?**
>
> **Informell:**
>
>   ☺   ☹
>
> Mir geht es super.   Mir geht es mies.
> Mir geht es wunderbar.

Abschnitt B

Übungen

▌ Welches Wort fehlt?

> noch – kommt – schön – ~~wohnt~~ – Belgien –
> dort – in – Österreich – Schweiz –
> Deutschland – Empfangsdame

a Harald Zvornak kommt aus Berlin. Aber er *wohnt* nicht mehr in Berlin. Er wohnt jetzt in Frankfurt am Main. Frankfurt ist in _____.

b Maria Schott kommt aus Basel. Sie wohnt _____ in Basel. Basel liegt nicht in Deutschland, sondern in der _____.

c Marianne Eberle kommt aus Brüssel in _____. Sie wohnt aber nicht mehr _____. Sie ist jetzt _____ im Hotel Lindenhof in Düsseldorf.

d Martin Trautmann _____ aus Dresden. Er wohnt jetzt in Salzburg. Liegt Salzburg _____ der Schweiz? Nein! Es ist in _____ und es ist sehr _____.

2 Hauptstädte (*Capital cities*)

Verbinden Sie die Hauptstadt (A) mit dem Land (B):

A Hauptstadt	B Land
London	Italien
Berlin	Estland
Moskau	Griechenland
Athen	Irland
Warschau	Großbritannien
Madrid	Portugal
Bern	Deutschland
Lissabon	Schweiz
Wien	Spanien
Tallin	Österreich
Dublin	Russland
Paris	Frankreich
Ankara	Polen
Rom	Türkei

3 Richtig oder falsch?

Beispiele

Bremen liegt in Deutschland. →
Richtig! Bremen liegt in Deutschland.

Abba kommt aus Finnland. →
Falsch! Abba kommt nicht aus Finnland. Abba kommt aus Schweden.

a Champagner kommt aus Belgien.
b Warschau liegt in Polen.
c Pizza kommt aus Spanien.
d Salzburg liegt in Deutschland.
e Sankt Petersburg liegt in Russland.
f Der Eifelturm steht in Frankreich, in Paris.
g Das Brandenburger Tor ist in Österreich, in Wien.
h Budapest liegt in der Tschechischen Republik.

Grammatik

> ## Verbendungen
>
> ### Reguläre Verben
> er, sie, es, man → **-t**: komm**t**, wohn**t**, lieg**t**, heiß**t**
> Auch: trinken, hören, liegen, studieren, lieben (*to love*), spielen (*to play*)
>
> ### *Sein* ist irregulär:
> ich → bin
> er, sie, es, man → ist

I Verbendungen.

Ergänzen Sie.

i
a Oliver komm__ aus Berlin.
b Er wohn__ jetzt aber in Hamburg.
c Hamburg lieg__ in Norddeutschland.
d Er hör__ klassische Musik.
e Er spiel__ Eishockey.

ii
a Miriam komm__ aus Griechenland, aus Athen.
b Sie studier__ jetzt in München.
c München is__ in Süddeutschland.
d Sie lieb__ München.
e Sie trink__ Bier und sie hör__ Musik aus Deutschland.
f Sie spiel__ Trompete.

2 Zwei Porträts

Schreiben Sie ein Porträt von Claudia Meier und Manuel Santoz.

a Ich heiße Claudia Meier. Ich komme aus Wien, aber ich wohne jetzt in Berlin. Ich studiere Musik. Ich höre britische Popmusik und spiele Gitarre in einer Band. Ich liebe Berlin.

Schreiben Sie:

> Sie heißt Claudia Meier. Sie komm__ aus Wien, aber sie _____ jetzt in Berlin. Sie _____ Musik. Sie _____ und _____ Gitarre in einer Band. Sie _____ Berlin.

b Ich heiße Manuel Santoz. Ich komme aus Spanien, aber ich wohne jetzt in Frankfurt. Ich bin Banker bei Santander. Ich höre moderne Flamenco-Musik. Ich spiele Fußball. Ich liebe Deutschland.

Schreiben Sie:

> Er heißt Manuel Santoz. Er _____ aus Spanien, aber er _____ jetzt in Frankfurt. Er ist _____.
> Er _____ moderne Flamenco-Musik. Er _____ Fußball. Er _____ _____.

Mehr Vokabeln

Mehr Länder

Tunesien	Indien
Nigerien	China
Südafrika	Japan
Kanada	Australien
Argentinien	Neuseeland
Chile	

Abschnitt C

Übungen

1 Wie heißen die Zahlen?

a   vierundzwanzig = 24

b   zweiunddreißig = _____

c   siebenundvierzig = _____

d   neununddreißig = _____

e   zweiundsiebzig = _____

f   siebenundsechzig = _____

g   fünfundneunzig = _____

h   achtundachtzig = _____

i   dreiundneunzig = _____

j   sechsundzwanzig = _____

k   zweiundsechzig = _____

l   vierundneunzig = _____

2 Länder

Ordnen Sie zu.

Argentinien – Australien – Neuseeland – Chile – China – Deutschland – Estland – Frankreich – Griechenland – Großbritannien – ~~Indien~~ – Irland – ~~Italien~~ – Japan – Kanada – Nigerien – Österreich – Polen – Portugal – Russland – Schweiz – Spanien – Südafrika – ~~Tunesien~~ – USA

Westeuropa	Osteuropa	Afrika	Südamerika	Nordamerika	Asien	Australasien
Italien		Tunesien			Indien	

Grammatik

Achtung! Zahlen

eins → *aber*: *ei*nundzwanzig, *ei*nunddreißig etc.
zwei → *aber*: zwanzig
drei, dreizehn → *aber*: dreißig, einunddreißig
           etc.
sechs → *aber*: sechzehn; sechzig,
         einundsechzig etc.
sieben → *aber*: siebzehn; siebzig, einundsiebzig
         etc.

I Zahlen

Schreiben Sie.

a 22 = *zweiundzwanzig*
b 31 = _____
c 45 = _____
d 57 = _____
e 63 = _____
f 78 = _____
g 86 = _____
h 94 = _____
i 99 = _____
j 36 = _____

2 Adressen

Wo wohnen die Leute? Lesen Sie und sprechen Sie.

Beispiel
Harry Matussek, Berlin, Gartenstraße 27 →
Harry Matussek wohnt in Berlin, Gartenstraße siebenundzwanzig.

a Petra Schneider, Hannover, Bismarckstraße 14
b Anna Kosinska, Dresden, Berliner Straße 85
c Susi Sonne, Basel, Stadtweg 36 A
d Oli Meyer-Dubois, München, Blumenstraße 73
e Leon Winter, Wien, Beethovenstraße 23 B
f Ayse Dirgen, Stuttgart, Steinstraße 4

Und Sie? Wo wohnen Sie?
Ich wohne _____.

Mehr Vokabeln

Mehr Zahlen

1000 → (ein)tausend
100.000 → (ein)hunderttausend
1.000.000 → eine Million
1.000.000.000 → eine Milliarde

Abschnitt D

Übungen

I Was fehlt?

Ergänzen Sie.

Spanisch und Französisch – ~~Berlin~~ – seit zwei Jahren bei der Telekom – Hannover – verheiratet – Deutsch – Claudia Scholz

a Name: _____
b Staatsangehörigkeit: _____
c Geburtsort: *Berlin*
d Wohnort: _____
e Sprachen: _____
f Familienstand: _____
g Arbeit: _____

2 Welches Wort passt nicht?

Beispiel
Deutsch, Französisch, Englisch, ~~Japaner~~

a verheiratet, arbeitslos, ledig, geschieden
b gut, ausgezeichnet, prima, schlecht
c Frau, Fräulein, Herr, Banker
d Bayern, Russland, Deutschland, Polen
e Österreicherin, Deutsche, Deutscher, Engländerin
f Guten Morgen, Auf Wiedersehen, Guten Tag, Gute Nacht

3 Land, Personen, Sprache

Ordnen Sie bitte zu.

England – Italienerin – Polin – Schottin – Deutscher – Waliser – Englisch – Frankreich – Spanier – Russland – Französisch – Amerikanerin – Japanisch – Chinese – Pole – Russin – Türkei – Brite – Türke – Spanierin – Russisch

Land	♂ -er/-e	♀ -in	Sprache: (i)sch
Amerika	Amerikan**er**		Engl**isch**
Deutschland		Deutsche!	Deutsch
	Engländ**er**	Engländer**in**	
Italien	Italien**er**		Italien**isch**
Japan	Japan**er**	Japaner**in**	
Wales		Waliser**in**	Engl**isch** / Walis**isch**
Spanien			Span**isch**
	Franzose	Franz**ös**in	
China		Chines**in**	Chines**isch**
Großbritannien		Brit**in**	Engl**isch**
Polen			Poln**isch**
	Russe		
Schottland	Schotte		Engl**isch** / Gäl**isch**
		Türk**in**	Türk**isch**

4 Woher kommen sie?

Ergänzen Sie.

a Martin kommt aus Berlin. Er ist *Deutscher.* Er spricht *Deutsch.*

b Tim kommt aus London. Er ist _____. Er spricht _____.

c Yuko kommt aus Tokio. Sie ist _____. Sie spricht _____.

d Katarina kommt aus Warschau. Sie ist _____. Sie spricht _____.

e Frédérique kommt aus Paris. Er ist _____. Er spricht _____.

f Iain kommt aus Glasgow. Er ist _____. Er spricht _____.

g Egiarte kommt aus Valencia. Sie ist _____. Sie spricht _____.

Grammatik (1)

> ## Verben – Achtung!
>
> ### Sprechen, arbeiten, sein:
>
> | ich | → | -e | spreche | arbeite |
> | du | → | -st | sprichst | arbeitest |
> | Sie | → | -en | sprechen | arbeiten |
> | er, sie, es | → | -t | spricht | arbeitet |
>
> ### *Sein* ist irregulär:
>
> ich → bin
> du → bist
> Sie → sind
> er, sie, es, man → ist

❙ Wie heißt es richtig?

		arbeiten	**kommen**	**sprechen**	**wohnen**
ich	→	*arbeite*	_____	_____	_____
Sie	→	_____	_____	_____	_____
du	→	_____	_____	*sprichst*	_____
er, sie, es	→	_____	_____	_____	_____

2 Verben

Ergänzen Sie.

i

a Ich heiß__ Marianne Schmidt.

b Ich wohn__ in Berlin.

c Ich sprech__ sehr gut Englisch.

d Spr__ du auch Englisch?

e Ulrike komm__ aus der Schweiz und Tina
  komm__ aus Deutschland.

f Klaus arbeit__ bei der EU.

g Carmen spr__ ein bisschen Arabisch.

ii Benutzen Sie *sein*.

a Ich b__ Deutscher.

b S__ Sie auch Deutscher?

c Claudia i__ ledig und Petra i__ verheiratet.

d Ich b__ nicht verheiratet.

e Peter i__ Engländer.

f B__ du auch Engländer?

g S__ Sie Japanerin?

Grammatik (2)

Fragen (1)

Fragen mit *wo, woher, wie, was* etc.
Das *Verb* ist das 2. Element:

(1)	(2)	(3)
Wo	*wohnen*	Sie?
Woher	*kommen*	Sie?
Wie	*ist*	dein Name?

Ja-Nein-Fragen
Das *Verb* ist das 1. Element:

(1)	(2)	(3)
Sind	Sie	verheiratet?
Sprechen	Sie	Deutsch?
Bist	du	Deutsche?

▌ Welche Frage (A) passt zu welcher Antwort (B)?

A

1   Wie heißen Sie, bitte?
2   Bist du verheiratet?
3   Sprechen Sie Englisch?
4   Welche Sprachen sprechen Sie?
5   Wie ist Ihre Adresse?
6   Bist du Engländerin?
7   Wo wohnst du?
8   Wo arbeiten Sie?
9   Sind Sie Schweizer?

B

a   Ich wohne in der Nähe von Hamburg.
b   Nein, ich bin Schottin.
c   Ich spreche natürlich Deutsch und auch sehr gut Französisch.
d   Nein, ich bin Österreicher.
e   Nein, ich bin ledig.
f   Ich arbeite bei Greenpeace.
g   Ich heiße Peter Neumann.
h   Meine Adresse ist 70173 Stuttgart, Carl-Benz-Straße 7.
i   Ja, ich spreche ein bisschen Englisch.

Neue Fragen

Wie ist Ihre Adresse?   → Meine Adresse ist 70173 Stuttgart, Carl-Benz-Straße 7.
Wie ist deine Adresse?   → Meine Adresse ist London, NW3 5TU.

2 Ein Interview mit Carmen Galan

i

Wie heißen die Fragen? Schreiben Sie die Fragen in der Sie-Form.

a *Wie heißen Sie?*
   Ich heiße Carmen Galan.

b _____?
   Ich wohne in Heidelberg.

c _____?
   Meine Adresse ist 69115 Heidelberg, Hegelstraße 4.

d _____?
   Nein, ich bin Spanierin.

e _____?
   Ich spreche natürlich Spanisch, Deutsch und auch ziemlich gut Englisch.

f _____?
   Ja, ich bin seit zwei Jahren verheiratet.

g _____?
   Ich arbeite zurzeit bei Aldi.

ii

Schreiben Sie nun die Fragen in der du-Form.

Beispiel
a Wie heißt du?

Mehr Vokabeln

Mehr Sprachen

Ich spreche ... Arabisch.
              Bengali.
              Paschtu.
              Portugiesisch.
              Hindi.

Und zum Schluss

 1 Sprechen

Ein Interview. Was sagen Sie?

a Guten Tag. Wie geht es Ihnen?
b Wie heißen Sie, bitte? Bitte buchstabieren Sie.
c Sind Sie Engländer/Engländerin?
d Woher kommen Sie?
e Wo wohnen Sie jetzt?
f Wie ist Ihre Adresse?
g Sprechen Sie Japanisch?
h Welche Sprachen sprechen Sie?
i Sind Sie verheiratet?
j Wo arbeiten oder studieren Sie zurzeit?
k Wie ist Ihre E-Mail-Adresse?
l Wie ist Ihre Handynummer oder Telefonnummer?

 2 Lesen

Lesen Sie das Quiz über Deutschland, Österreich und die Schweiz auf Seite 18.

Beantworten die Fragen.

Ein kleines Quiz – Deutschland, Österreich und die Schweiz

Berlin ist die Hauptstadt von Deutschland und liegt in Ostdeutschland. Berlin hat 3,4 Millionen Einwohner.

Hamburg liegt in Norddeutschland und ist auch sehr groß. Es hat 1,75 Millionen Einwohner. Hannover ist auch in Norddeutschland und liegt nicht weit von Hamburg.

München liegt in Süddeutschland. München ist sehr schön und hat viele Biergärten.

In Westdeutschland liegen Köln, Bonn und Düsseldorf. Köln liegt in der Nähe von Bonn. Frankfurt liegt im Zentrum von Deutschland. Frankfurt hat viele Banken.

Die Hauptstadt von Österreich ist Wien. Wien hat 2,1 Millionen Einwohner. In Österreich liegen auch Innsbruck, Linz und Salzburg. Basel und Zürich liegen in der Schweiz. Basel liegt nicht weit von Zürich. Die Hauptstadt von der Schweiz ist Bern. In der Schweiz spricht man Deutsch, Französich, Italienisch und Rätoromanisch.

Welche Antwort ist richtig?

a Welche Stadt liegt in Ostdeutschland?
   i Hamburg; **ii** Bonn; **iii** Berlin.

b Welche Stadt liegt nicht weit von Hamburg?
   i Hannover; **ii** Dresden; **iii** Frankfurt.

c München liegt in Süddeutschland und nicht weit von ...
   i Freiburg; **ii** Salzburg; **iii** Dresden.

d Köln liegt in der Nähe von ...
   i Freiburg; **ii** Hamburg; **iii** Bonn.

e Frankfurt liegt ...
   i in Westdeutschland; **ii** im Zentrum von Deutschland; **iii** in Süddeutschland.

f Innsbruck liegt nicht in der Schweiz, sondern in ...
   i Frankreich; **ii** Österreich; **iii** Deutschland.

g Wo liegen Kiel und Rostock? Sie liegen ...
   i in Norddeutschland; **ii** in Süddeutschland; **iii** in Westdeutschland.

h Straßburg liegt nicht in Deutschland, sondern ...
   i in der Schweiz; **ii** in Frankreich; **iii** in Österreich.

i In der Schweiz spricht man ...
   i eine Sprache; **ii** zwei Sprachen; **iii** drei Sprachen; **iv** vier Sprachen.

3 | Arbeit und Studium

Abschnitt A

Übungen

I Was ist das?

eine Kirche – ein Bahnhof – ein Biergarten –
eine Bank – ein Café – eine Bäckerei –
~~ein Hotel~~ – ein Kino – eine Kneipe – ein
Weihnachtsmarkt

Ordnen Sie zu.

a Das ist *ein Hotel.*
b Das ist eine Bank
c Das ist ein Weihnachtsmarkt
d Das ist ein Biergarten
e Das ist eine Bäckerei
f Das ist ein Café
g Das ist eine Kneipe
h Das ist ein Bahnhof
i Das ist ein Kino
j Das ist eine Kirche

2 Heißt es *der*, *die* oder *das*?

Ergänzen Sie.

a ein Hotel → *das Hotel*
b eine Bank → die Bank
c ein Weihnachtsmarkt → der Weihnachtsmarkt
d ein Biergarten → der Biergarten
e eine Bäckerei → die Bäckerei
f ein Café → das Café
g eine Kneipe → die Kneipe
h ein Bahnhof → der Bahnhof
i ein Kino → das Kino
j eine Kirche → die Kirche

Grammatik (1)

> **Das Geschlecht (gender)**
>
> **Artikel**
>
> a) männlich *(masculine)* → *der/ein* Mann, Bahnhof
>
> b) weiblich *(feminine)* → *die/eine* Frau, Adresse
>
> c) sächlich *(neuter)* → *das/ein* Baby, Kino
>
> Plural → die Bahnhöfe, Adressen, Babys
>
> **Tipp – typische Endung für weibliche Nomen: -e** →
> die Adresse, Kirche, Sprache etc.
> (Achtung! der Name, das Café)

1 der, die, das?

Ergänzen Sie.

> Mann – Handynummer – Wohnort – Kneipe
> – Kirche – Café – Biergarten –
> Weihnachtsmarkt – Woche – Sprachschule –
> Bier – Frau – Geburtsort – Bahnhof –
> Sprache

der	die	das
Name	Telefonnummer	Kino
Mann	Faxnummer	Hotel
Wohnort	*Handynummer*	Zentrum
Biergarten	Arbeit	*Café*
Weihnachtsmarkt	*Kneipe*	*Bier*
Geburtsort	Visitenkarte	
Bahnhof	Adresse	
	Empfangsdame	
	Kirche	
	Woche	
	Sprachschule	
	Frau	
	Sprache	

2 Heißt es *der/ein, die/eine* oder *das/ein*?

Ergänzen Sie.

a Das ist *ein* Hotel. *Das* Hotel heißt Hotel Adler. _____ Hotel ist in Celle. Celle ist _____ Stadt in Norddeutschland. _____ Hotel ist sehr alt.

b _____ Kirche heißt Gedächtniskirche. _____ Gedächtniskirche ist _____ Kirche in Berlin. Berlin ist _____ Hauptstadt von Deutschland. Es ist _____ alte Kirche im Zentrum von Berlin.

c Das ist _____ Bank. _____ Bank heißt Deutsche Bank. _____ Deutsche Bank ist sehr groß.

d Das ist _____ Paulaner Biergarten in München. München ist _____ Stadt in Süddeutschland und es ist _____ Hauptstadt von Bayern. Der Paulaner Biergarten ist _____ Biergarten in München. München hat viele Biergärten.

e Das ist _____ Sprachschule. _____ Sprachschule heißt Eurotalk und ist in Hamburg. Hamburg ist _____ Hafenstadt. _____ Stadt ist groß und hat 1,7 Millionen Einwohner.

Grammatik (2)

Das Geschlecht (gender)

Possessivpronomen (*mein/Ihr/dein*) + Endungen:

a) mit männlichen Nomen	→ mein/Ihr/dein	Name
b) mit weiblichen Nomen	→ meine/Ihre/deine	Adresse
c) mit sächlichen Nomen	→ mein/Ihr/dein	Hotel
Plural	→ meine/Ihre/deine	Namen, Adressen, Hotels

1 *Mein* oder *meine?*

Ergänzen Sie.

Beispiel
Wie ist Ihre Adresse? →
Meine Adresse ist Berliner Straße 75.

a Wie ist Ihr Name?

_____ Name ist Carsten Martini.

b Ist das Ihre Visitenkarte?

Nein, das ist nicht _____ Visitenkarte.

c Woher kommt Ihre Frau?

_____ Frau kommt aus Spanien.

d Wie ist deine E-Mail-Adresse?

_____ E-Mail-Adresse ist
gerd.baumann@web.de.

e Wie heißt dein Mann?

_____ Mann heißt Tommy.

f Wie ist deine Telefonnummer?

_____ Telefonnummer ist 040-365028.

g Ist das dein Bier?

Ja, das ist _____ Bier. Ich liebe Weizenbier.

Mehr Vokabeln

Mehr Gebäude

der Supermarkt	das Museum
die Universität	das Restaurant
die Bank	

Abschnitt B

Übungen

1 Berufe

Wie viele Berufe finden Sie? Wir glauben, es gibt 18 Wörter.

A	M	U	S	I	K	E	R	R	T	J	O	S	E
R	A	S	T	N	U	S	T	A	R	O	N	D	F
Z	A	S	U	T	N	K	A	M	A	U	R	E	R
T	R	E	D	K	D	A	X	B	K	R	E	S	I
I	M	K	E	A	E	T	I	O	E	N	A	I	S
N	H	R	N	U	N	I	F	M	L	A	L	G	E
E	A	E	T	F	B	S	A	E	L	L	S	N	U
A	U	T	O	M	E	C	H	A	N	I	K	E	R
P	S	Ä	L	A	R	H	R	T	E	S	O	R	I
O	F	R	F	N	A	L	E	R	R	T	C	I	N
L	R	I	O	N	T	E	R	U	I	I	H	N	T
W	A	N	D	E	E	R	E	B	A	N	K	E	R
R	U	H	V	E	R	K	Ä	U	F	E	R	I	N

2 Verbinden Sie Beruf (A) mit der Aktivität (B)

A	B
1 Kundenberaterin	a kocht Pasta, Suppe etc.
2 Automechaniker	b repariert Computer
3 Köchin	c spielt Gitarre, Violine etc.
4 Student	d spricht mit Kunden
5 Sekretärin	e macht T-Shirts, Blusen etc.
6 Kellner	f repariert Autos
7 Designerin	g arbeitet im Büro, schreibt E-Mails, telefoniert
8 Musiker	h studiert an einer Universität
9 PC-Techniker	i bringt Bier, Wasser, Kaffee etc.

3 Ergänzen Sie den Dialog

Deutscher – seit – heiße – Tischler – großartig – meine – Deutsch – Beruf – Engländerin

Hermann Willkommen in Dresden! Mein Name ist Hermann Hümmer. Können Sie vielleicht 1_____ sprechen?

Bernd Guten Tag! Ja, ich spreche Deutsch. Ich 2_____ Bernd Brückner.

Hermann Das ist ja 3_____! Sind Sie denn 4_____?

Bernd Ja, aber 5_____ Frau ist 6_____, und ich wohne 7_____ acht Jahren in England.

Hermann Ach so. Und was sind Sie von 8_____?

Bernd Ich bin 9_____ .

Grammatik

Berufe

Weibliche Berufe: + -in

männlich		weiblich
Banker	→	Bankerin
Journalist	→	Journalistin

! Achtung:

Arzt	→	Ärztin
Koch	→	Köchin
Krankenpfleger	→	Krankenpflegerin/ Krankenschwester
Angestellter	→	Angestellte

seit
Ich arbeite seit einem Jahr bei Eurosport.
Ich arbeite seit zwei/drei/sieben Jahren bei der Deutschen Bank.

1 Wie heißen die weiblichen Berufe?

a Ingenieur → *Ingenieurin*

b Kundenberater → _____

c Manager → _____

d Kellner → _____

e Journalist → _____

f Taxifahrer → _____

g Busfahrer → _____

h Verkäufer → _____

i Designer → _____

j Friseur → _____

k Arzt → _____

l Koch → _____

m Krankenpfleger → _____

n Bankangestellter → _____

2 Ein Interview mit Herrn Bremer

Ergänzen Sie. Antworten Sie für Herrn Bremer. Hier sind die Details:

> **Herr Bremer**
>
> Er ist PC-Techniker von Beruf.
> Er arbeitet seit fünf Jahren bei Toshiba.
> Seine Frau ist Irin und Englischlehrerin.
> Sie lebt seit 15 Jahren in Deutschland.

a Was sind Sie von Beruf, Herr Bremer?
  Ich bin PC-Techniker.

b Und wo arbeiten Sie?
  _____

c Und seit wann arbeiten Sie dort?
  _____

d Und Ihre Frau? Ist sie auch berufstätig?
  _____

e Oh, ist Ihre Frau Engländerin?
  _____

f Aha, und seit wann lebt sie schon in Deutschland?
  _____

Mehr Vokabeln

> **Mehr Berufe**
>
> Finanzberater → Finanzberaterin
> Fotograf   → Fotografin
> Psychologe   → Psychologin
> Soldat   → Soldatin
> Zahnarzt   → Zahnärztin

Abschnitt C

Übungen

1 Wie heißen die Studienfächer?

Ergänzen Sie.

a Maria liebt Shakespeare.
  Sie studiert *A n g l i s t i k*.

b Ansgar findet Zahlen interessant.
  Er studiert M _ t h _ m _ t i k.

c Johanna findet Management gut.
  Sie studiert B _ L.

d Karin und Annabel lieben Sprachen.
  Sie studieren R _ _ _ni_ _ _ k.

e Nadine findet Einstein toll.
  Sie studiert _ _ y s _ _.

f Fahim liebt Computer.
  Er studiert I n f _ _ m a t _ _.

2 Welches Wort fehlt?

> Politik – ~~Studenten~~ – seit – Stadtzentrum –
> Heidelberg – langweilig – Wohnung –
> interessant

a Susanne und Carsten sind beide *Studenten*.

b Susanne studiert Chemie und Carsten studiert _____.

c Sie studieren an der Universität in

_____.

d Beide studieren _____ drei Jahren.

e Susanne findet Chemie sehr gut. Sie sagt, es ist

_____.

f Carsten findet Politik _____.

g Beide haben eine _____ im

_____.

Grammatik (1)

Verbendungen
Endungen im Plural

wir	→	-en	wohnen	sprechen	arbeiten
Sie	→	-en	wohnen	sprechen	arbeiten
ihr	→	-t	wohnt	sprecht (!)	arbeitet (!)
sie	→	-en	wohnen	sprechen	arbeiten

Das Verb _sein_ ist irregulär:

ich	→	bin	wir	→	sind
du	→	bist	Sie	→	sind
Sie	→	sind	ihr	→	seid
er, sie, es	→	ist	sie	→	sind

1 Verbendungen

Ergänzen Sie.

i

a Was mach___ wir heute?

b Wir arbeit___ beide in Hamburg.

c Wir hör___ oft klassische Musik.

d Wir s_____ verheiratet. (_sein_)

ii

a Wie heiß___ Sie?

b Was hör___ Sie?

c Woher s_____ Sie? (_sein_)

d Was s_____ Sie von Beruf? (_sein_)

iii

a Wie heiß___ ihr?

b Woher komm___ ihr?

c Wo wohn___ ihr?

d Seit wann arbeit___ ihr?

e Sprech___ ihr Englisch?

f Trink___ ihr Kaffee oder Tee?

g Hab___ ihr eine Wohnung?

h S_____ ihr Studenten? (_sein_)

iv

a Tim und Sebastian komm___ beide aus Berlin.

b Sie wohn___ beide seit zwei Jahren in Frankfurt und studier___ dort.

c Tim und Sebastian spiel___ oft Fußball und hör___ klassische Musik.

d Sie arbeit__ beide auch.

e Tim arbeit__ als Kellner und Sebastian arbeit__ als Taxifahrer.

2 Wie heißen die Fragen?

Benutzen Sie die *ihr*-Form.

a *Wie heißt ihr?*

Hallo, ich heiße Camilla und das ist Maria.

b _____?

Wir kommen beide aus Warnemünde.

c _____?

Warnemünde liegt in Norddeutschland, in der Nähe von Rostock.

d _____?

Ja, wir sind beide Studenten.

e _____?

Wir studieren beide Geschichte.

f _____?

Wir studieren in Berlin, an der Humboldt-Universität.

g _____?

Wir studieren seit zwei Jahren.

h _____?

Ja, es ist sehr interessant. Es ist fantastisch.

Grammatik (2)

Zahlen – 100+

Zahlen sind ein Wort:
88 → achtundachtzig
122 → einhundertzweiundzwanzig
10220 → zehntausendzweihundertzwanzig

Achtung!
1.200.000 → eine Million
            zweihunderttausend
4.370.000 → vier Millionen
            dreihundertsiebzigtausend

I Welche Zahl ist das?

Beispiel

93   dreiundneunzig ✓
        neununddreißig

87   achtundsiebzig
        siebenundachtzig

113   einhunderteinunddreißig
        einhundertdreizehn

230   zweihundertdreißig
        dreihundertzwanzig

647   sechshundertsiebenundvierzig
        sechshundertsiebenundfünfzig

926   neunhundertsechsundzwanzig
        neunhundertsechzehn

1482   eintausendachthundertzweiundvierzig
        eintausendvierhundertzweiundachtzig

2588   zweitausendfünfhundertachtundachtzig
        zweitausendfünfhundertachtzig

26419   sechsundzwanzigtausendvierhundert-
        neunzehn
        sechsundzwanzigtausendvierhundert-
        neunzig

2 Mehr Zahlen

Schreiben Sie und sprechen Sie.

140 → *(ein)hundertvierzig*

180 → _____

219 → _____

690 → _____

742 → _____

955 → _____

1450 → _____

12322 → _____

_____

27895 → _____

_____

3 Sechs deutsche Universitäten – Studentenzahlen

a Freie Universität Berlin 31.637
b Humboldt Universität zu Berlin 34.612
c Universität Hamburg 35.587
d Universität zu Köln 42.020
e Universität Leipzig 29.029
f Technische Universität Dresden 35.133

Schreiben Sie und sprechen Sie.

a Die Freie Universität Berlin hat
   einunddreißigtausendsechshundertsiebenund-
   dreißig Studenten.

b Die Humboldt Universität zu Berlin hat
   _____.

c Die Universität Hamburg _____
   _____.

d Die Universität zu Köln _____
   _____.

e Die Universität Leipzig _____
   _____.

f _____
   _____.

Mehr Vokabeln

> ### Arbeit & Studium
>
> Ich finde meine Arbeit / mein Studium ist:
>
>
>
> interessant   langweilig
> gut   schlecht
> nicht stressig   (sehr) stressig
> einfach   kompliziert

Und zum Schluss

 l Sprechen

Ein Interview. Was sagen Sie?

a Guten Tag.
b Wie geht's?
c Wie ist Ihr Name, bitte?
d Woher kommen Sie?
e Wo liegt die Stadt?
f Wie ist die Stadt?
g Arbeiten Sie oder studieren Sie?
h Was sind Sie von Beruf? / Was studieren Sie?
i Wo arbeiten Sie? / Wo studieren Sie?
j Seit wann arbeiten Sie? / Seit wann studieren Sie?
k Wie finden Sie Ihre Arbeit? / Wie finden Sie Ihr Studium?

 **2** Lesen

Die Ruprecht-Karls-Universität Heidelberg

RUPRECHT-KARLS-
UNIVERSITÄT
HEIDELBERG
EXZELLENZUNIVERSITÄT

Die Universität Heidelberg ist die älteste Universität Deutschlands. Sie existiert seit 1386. Die ersten Professoren kamen aus Paris und Prag.

Zu Beginn war die Universität Heidelberg eine katholische Universität. Aber im Jahre 1556 wurde sie evangelisch (protestantisch).

Im 19. Jahrhundert war die Universität Heidelberg eine liberale Universität. Studenten kamen aus vielen Ländern nach Heidelberg.

Die Universität hat neun Nobel-Preis-Träger. Bei den „World University Rankings" liegt die Universität Heidelberg oft auf Platz eins in Deutschland.

An der Universität Heidelberg studieren jetzt mehr als 27.500 Studenten. Mehr als 5.000 von diesen Studenten sind Ausländer (nicht Deutsche).

Die Universität hat auch ein Center in Santiago de Chile. Dort können Studenten seit 2002 zum Beispiel „International Law" oder „Investment and Trade" studieren.

Die Universität ist sehr wichtig für die Stadt Heidelberg. Mehr als 15000 Menschen arbeiten für die Universität.

Mehr Informationen auf Deutsch und Englisch finden Sie unter: http://www.uni-heidelberg.de

Welche Antwort stimmt?

a Die Universität Heidelberg ist die älteste Universität
i in Deutschland; **ii** in deutschsprechenden Ländern.

b Von 1386 bis 1556 war die Universität
i evangelisch; **ii** katholisch.

c Im 19. Jahrhundert hatte die Universität Heidelberg Studenten
i nur aus Deutschland; **ii** aus vielen Ländern.

d In Deutschland liegt die Universität Heidelberg in den Rankings oft
i auf Platz Nummer neun; **ii** auf dem ersten Platz.

e An der Universität Heidelberg studieren
i mehr als 27.500 Studenten; **ii** 27.500 ausländische Studenten.

f Die Universität hat
i auch ein Center in Chile; **ii** noch kein Center in Chile.

g Auf der Webseite kann man Informationen
i nur auf Deutsch finden; **ii** auf Deutsch und auf Englisch finden.

4 | Familie und Freizeit

Abschnitt A

Übungen

1 Was machen die Leute?

Verbinden Sie Satzteil A mit Satzteil B.

A		B	
1	Herr Scholz arbeitet	**a**	in München.
2	Er spricht e	**b**	von J.K. Rowling.
3	Martina hört	**c**	Gitarre.
4	Carsten schreibt i	**d**	Kaffee?
5	Timo und Kai essen j	**e**	Englisch.
6	Trinkt ihr d	**f**	Hip-Hop-Musik.
7	Susanne wohnt a	**g**	im Garten.
8	Johann spielt c	**h**	Mathematik.
9	Monica studiert h	**i**	eine E-Mail.
10	Wir lesen ein Buch b	**j**	eine Pizza.

2 Was passt zusammen?

	eine CD	eine SMS	Bier	Sushi	ein Buch
kaufen					
hören					
essen					
schreiben		✓			
trinken					
lesen		✓			
spielen					

Grammatik

Verben

Verben mit Vokalwechsel (*vowel change*)

Achtung! Vokalwechsel nur in der *du* und *er/sie/es*-Form:

ich	→	spreche	lese	esse
!du	→	sprichst	liest	isst
Sie	→	sprechen	lesen	essen
!er, sie, es	→	spricht	liest	isst
wir	→	sprechen	lesen	essen
ihr	→	sprecht	lest	esst
Sie, sie	→	sprechen	lesen	essen

I Verbendungen.

Wie heißt es richtig?

i

a Ich _spreche_ ein bisschen Italienisch. (sprechen)

b Carola _spricht_ Englisch und Japanisch. (sprechen)

c Und welche Sprachen _sprechen_ Sie? (sprechen)

d _Sprecht_ ihr Englisch? (sprechen)

ii

a Ich _lese_ ein Buch über Barack Obama. (lesen)

b _liest_ du viel? (lesen)

c Er _liest_ oft Comics. (lesen)

d _lest_ ihr Harry Potter? (lesen)

iii

a Ich _esse_ ein Sandwich. (essen)

b _isst_ du gern Fish und Chips? (essen)

c Miriam _isst_ viel Salat. (essen)

d _essen_ wir heute im Restaurant? (essen)

2 Essen, sprechen oder lesen?

Ergänzen Sie.

Martina	Hallo, Tim! Was machst du?
Tim	Ich 1_____ ein Buch über John F. Kennedy.
Martina	2_____ du auf Englisch oder auf Deutsch?
Tim	Auf Englisch. Ich bin Amerikaner.
Martina	Was! Du 3_____ aber gut Deutsch!
Tim	Danke. 4_____ du auch Englisch?
Martina	Ja. Ich 5_____ auch Japanisch. Meine Mutter kommt aus Japan. Zu Hause 6_____ wir Japanisch.
Tim	Ach so! Und 7_____ du zu

Hause auch japanisch, zum Beispiel Sushi?

Martina	Ja, natürlich! Ich 8_____ sehr gern japanisch.
Tim	Ich auch! Gehen wir zusammen 9_____?

Mehr Vokabeln

> **Mehr Verben mit Vokalwechsel**
>
> sehen → Ich sehe einen Film.
> Siehst du einen Film?
> Er sieht eine DVD mit Brad Pitt.
>
> treffen → Ich treffe eine Freundin.
> Triffst du deine Schwester?
> Er trifft Freunde.
>
> sehen to watch/to see
> treffen to meet

Abschnitt B

Übungen

I Eine Umfrage

Ergänzen Sie den Dialog.

> fotografiere – Karate – Umfrage – Joggen –
> haben – nicht – Ihr – spiele – ~~Tag~~ –
> Fitnesscenter – mein

Journalist	Guten 1 *Tag*. Wir machen eine 2_____. Was ist 3_____ Hobby, bitte?
Petra	Mein Hobby? Also, 4_____ Hobby ist Fotografie. Ich 5_____ gern.
Journalist	Und 6_____ Sie noch ein Hobby?

Petra	Ja, Sport.
Journalist	**7**_____ Sie gern?
Petra	Nein, ich jogge **8**_____
	gern. Aber ich **9** _____
	gern Tennis. Ich gehe auch oft ins
	10_____. Und ich
	mache **11**_____.
Journalist	OK, vielen Dank.

2 Spielen oder machen?

Ergänzen Sie.

	spielen	machen
Fußball	✓	
Tai-Ch		✓
Yoga		
Rugby		
Badminton		
Karate		
Jiu-Jitsu		
Golf		
Basketball		
Nordic-Walking		
Gitarre		

3 Was tun Sie gern?

Sagen Sie es anders.

Beispiele
Mein Hobby ist Lesen. → Ich lese gern.
Mein Hobby ist Yoga. → Ich mache gern Yoga.

a Mein Hobby ist Fotografieren.
Ich _____ gern.
b Mein Hobby ist Schwimmen.
Ich _____ gern.

c Mein Hobby ist Reisen.
Ich _____ gern.
d Mein Hobby ist Surfen.
Ich _____ gern.
e Mein Hobby ist Joggen.
Ich _____ gern.
f Mein Hobby ist Badminton.
Ich _____ gern Badminton.
g Mein Hobby ist Kochen.
Ich _____ gern.
h Mein Hobby ist Tai-Chi.
Ich _____ gern Tai-Chi.

Grammatik

> **gern**
>
> Ich lese **gern**.
> Ich gehe **gern** ins Kino.
>
> Ich lese **nicht gern**.
> Ich gehe **nicht gern** ins Kino.

1 Was macht Marion gern? Was macht sie nicht gern?

Schreiben Sie.

a  ✓ *Marion isst gern Pizza.*

b  ✓_____

c ✓_____

d ✓_____

e ✗ *Sie spielt nicht gern Tennis.*

f ✗_____

g ✓_____

h ✓_____

i ✗_____

j ✗_____

k ✓_____

2 Und Sie?

Schreiben Sie und sprechen Sie dann.

Beispiel
Welche Musik hören Sie gern?
Welche Musik hören Sie nicht gern? →
Ich höre gern Salsa-Musik, *aber* ich höre nicht gern klassische Musik.

a Welche Musik hören Sie gern?
Welche Musik hören Sie nicht gern?

b Was trinken Sie gern?
Was trinken Sie nicht gern?

c Was lesen Sie gern?
Und was lesen Sie nicht gern?

d Was essen Sie gern?
Und was essen Sie nicht gern?

e Was machen Sie gern?
Und was machen Sie nicht gern?

Mehr Vokabeln

Mehr Aktivitäten

Motorrad fahren
Ski fahren
im Internet surfen
im Internet chatten
simsen (eine SMS schicken)

Abschnitt C

Übungen

1 Welches Wort passt?

Wassersport – Stadt – Hobby – Sprache –
Musik – Beruf – ~~Buch~~

a *Buch* : Krimi, Biografie, Roman
b _____ : Französisch, Englisch, Italienisch
c _____ : Geschichtslehrerin, Sekretärin, Ärztin
d _____ : Segeln, Surfen, Schwimmen
e _____ : Wandern, Joggen, Kochen
f _____ : Gitarre, Indierock, Instrument
g _____ : München, Köln, Berlin

2 Positiv, negativ

Wie heißen die Wörter?

a Michael macht gern Sport. Er findet Sport
klasse.

b Cindy hasst Girlbands. Sie findet Girlbands
d _ _ f.

c Frank studiert nicht gern. Er findet BWL
la _ gw _ _lig.

d Paula mag Hamburg. Sie findet Hamburg
sch_ n.

e Ich lese gern. Ich finde Biografien
i _ter _ _ _ ant.

f Ich mag Tennis. Ich finde Tennis
fa _ t _ st_ _ _ _ .

Mehr Grammatik

Achtung – gern vs. mögen

1 gern + *Verb* → Ich *lese* gern Biografien.
Ich *spiele* gern Tennis.

2 mögen + *Nomen* → Ich mag *Biografien*.
Ich mag *Tennis*.

Falsch: ! Ich mag Biografien ~~lesen~~. X
! Ich mag Tennis ~~spielen~~. X

Mögen ist irregulär:

Ich mag Tennis.	Wir mögen Tennis.
Magst du Tennis?	Mögt ihr Tennis?
Mögen Sie Tennis?	Mögen Sie Tennis?
Er/Sie mag Tennis.	Sie mögen Tennis.

I Was mögen diese Leute?

Sagen Sie es anders.

Beispiel
Ich trinke gern Rotwein. →
Ich mag Rotwein.

a Er hört gern klassische Musik.

_____

b Spielst du gern Schach?

_____

c Ich lese gern die Süddeutsche Zeitung.

_____

d Er macht gern Nordic-Walking.

_____

e Sie isst gern Sushi.

_____

Mehr Vokabeln

war (*was/were*)		
ich	→	war
du	→	warst
Sie	→	waren
er/sie/es	→	war

Abschnitt D

Übungen

1 Familie

Wie viele Wörter finden Sie? Wir glauben, es gibt 20 Wörter.

F	A	M	I	L	I	E	S	O	H	N	G	A	H	S
B	R	U	D	E	R	I	C	T	A	B	R	V	U	C
V	E	R	K	N	P	S	H	O	P	A	O	E	N	H
A	S	T	A	K	A	C	W	C	R	C	ß	R	D	W
T	A	N	T	E	R	H	E	H	A	K	M	L	O	Ä
E	R	I	Z	L	T	W	S	T	N	E	U	O	N	G
R	A	C	E	K	N	A	T	E	O	R	T	B	K	E
S	C	H	W	I	E	G	E	R	M	U	T	T	E	R
A	H	T	I	N	R	E	R	L	A	P	E	E	L	I
B	E	E	N	D	E	R	A	M	N	A	R	R	E	N

2 Familienmitglieder

Wie heißt die weibliche Form?

a der Vater → *die Mutter*

b der Sohn → _____

c der Bruder → _____

d der Großvater → _____

e der Opa → _____

f der Onkel → _____

g der Cousin → *die Cousine*

h der Schwiegersohn → _____

i der Enkelsohn → _____

j der Neffe → *die Nichte*

Grammatik (1)

Possessivpronomen

Possessivpronomen mit männlichen, weiblichen + sächlichen Nomen

	männlich (m)	weiblich (f)	sächlich (nt)
ich →	mein Bruder	meine Schwester	mein Baby
du →	dein Bruder	deine Schwester	dein Baby
Sie →	Ihr Bruder	Ihre Schwester	Ihr Baby
er/es →	sein Bruder	seine Schwester	sein Baby
sie →	ihr Bruder	ihre Schwester	ihr Baby

Plural → meine, deine, Ihre, seine, ihre Brüder/Schwestern/Babys

I Zwei Porträts

i Klaus von Bärwitz

Ergänzen Sie.

a *Sein* Name ist Klaus von Bärwitz.

b Maria ist _____ Frau.

c Caspar und Carla sind _____ Kinder.

d _____ Sohn Caspar ist 14 Jahre alt und _____ Tocher Carla ist neun Jahre alt.

e Was _____ Hobby ist? Er mag Opernmusik.

ii Claudia Treumann

Ergänzen Sie.

a *Ihr* Name ist Claudia Treumann.

b _____ Beruf ist Fotomodell.

c _____ Schwester ist Studentin und _____ Bruder ist Architekt.

d _____ Eltern wohnen in Köln.

e Was _____ Handynummer ist? Keine Ahnung.

2 Mika und Isabel sprechen über ihre Familien

Ergänzen Sie: mein/meine, dein/deine, ihr/ihre, sein/seine?

Mika	Isabel? Hast du noch Geschwister?
Isabel	Ja, eine Schwester und einen Bruder.
Mika	Und wie heißt **I**_____ Schwester?
Isabel	**2**_____ Name ist Sylvia.
Mika	Und wie heißt **3**_____ Bruder?
Isabel	Er heißt Tim.
Isabel	Und was macht **4**_____ Bruder?
Mika	**5**_____ Bruder ist Banker. Er ist verheiratet und **6**_____ Frau ist auch Bankerin.

Grammatik (2)

Plural (I)

Tipp: Typische Plural-Endungen für Nomen:

			Singular	Plural
-er	→	-n	Schwester	Schwestern *oder*
-er	→	¨	Vater	Väter
-e:	→	-n	Tante	Tanten
-in:	→	-nen	Bankerin	Bankerinnen

I Wie heißt es richtig?

Ergänzen Sie.

	Singular	**Plural**
a	Handynummer	*Handynummern*
b	Telefonnummer	_____
c	Schwester	_____
d	_____	*Mütter*
e	Vater	_____
f	Tochter	_____
g	Name	_____
h	Adresse	_____
i	Visitenkarte	_____
j	_____	*Sprachen*
k	Katze	_____
l	Kirche	_____
m	Kneipe	_____
n	Studentin	*Studentinnen*
o	Verkäuferin	_____
p	Ärztin	_____
q	Engländerin	_____

2 Wie heißt es im Plural?

a Annette hat einen Bruder und zwei _____ . (Schwester)

b Sie hat zwei _____ . (Sohn)

c Kennst du ihre drei _____? (Tochter)

d Er spricht vier _____ . (Sprache)

e Sybille und Conny sind beide
_____ . (Ärztin)

f Seid ihr auch _____?
(Engländerin)

g Ich habe einen Cousin und vier
_____ . (Cousine)

h In Hamburg gibt es viele _____ .
(Kneipe)

Achtung! Akkusativ

Ich habe + **männliches Nomen**

Ich habe *einen* Bruder / *einen* Sohn / *einen*
Cousin etc.

Mehr über den Akkusativ in der nächsten
Lektion.

Mehr Vokabeln

Familie	
der Cousin (-s)	die Cousine (-n)
der Schwiegersohn (¨-e)	die Schwiegertochter (¨)
der Schwiegervater (¨)	die Schwiegermutter (¨)
der Opa (-s)	die Oma (-s)
der Großonkel (-)	die Großtante (-n)

Und zum Schluss

 I Sprechen

Ein Interview. Was sagen Sie?

a Haben Sie ein Hobby?

b Joggen Sie gern?

c Gehen Sie gern ins Kino?

d Was lesen Sie gern?

e Arbeiten Sie gern am Computer?

f Was essen Sie gern?

g Was trinken Sie gern?

h Was essen und trinken Sie nicht gern?

i Wie finden Sie Sport?

j Wie finden Sie Deutsch?

k Haben Sie Geschwister?

Wenn ja:

Wie alt sind Ihre Geschwister?

Wo wohnen Ihre Geschwister?

Was machen sie beruflich?

l Haben Sie Kinder?

Wenn ja:

Wie alt sind Ihre Kinder?

Was machen sie?

m Was können Sie noch über Ihre Familie sagen?
Sprechen Sie jetzt über Ihren Vater, Ihre Mutter,
Ihre Tante, Ihren Onkel, etc.

2 Lesen

Text A Joachim Kühn sucht eine Brieffreundin oder einen Brieffreund

Lesen Sie den Text und beantworten Sie die Fragen.

 📋 26.09.2009, 21:27

Joachim ●

Stammgast ●●●●●○○

Registriert seit: 20.07.2008

Geschlecht: männlich
Ort: Berlin

Beiträge: 58

 Suche Brieffreund(in) aus London!
Ich heiße Joachim Kühn. Ich bin Webdesigner und wohne am Prenzlauer Berg in Berlin. Ich bin 24 Jahre alt und habe zwei Brüder und zwei Schwestern. Ich spiele gern Klavier und E-Piano. Ich mag alte amerikanische Jazzmusik. Ich mag aber auch englischen Fußball. Ich bin ein großer Fan von Arsenal London und manchmal bin ich im Stadion in London. Ich mag die Pubs in London. Ich suche eine Brieffreundin oder einen Brieffreund in London. Bitte schreibt mir.

Fragen:

a Wo wohnt Joachim?
b Wie viele Geschwister hat er?
c Was spielt er gern?

d Was für Musik mag er?
e Wo ist er manchmal in London?
f Was mag er in London?

Text B Loretta Uribe aus London antwortet

 📋 27.09.2009, 09:14

Loretta ●

Gast ●●●●●○○

Registriert seit: 23.07.2009

Geschlecht: weiblich
Ort: London

Beiträge: 7

 Antwort: Suche Brieffreund(in) aus London!
Hallo, Joachim! Ich heiße Loretta Uribe und meine Familie kommt aus Buenos Aires. Mein Vater ist Argentinier und meine Mutter ist Deutsche. Ich spreche also Spanisch und Deutsch, aber hier in England sprechen wir alle Englisch. Ich bin 23 Jahre alt und bin Köchin. Ich höre gern Jazzmusik, aber ich mag auch klassische Musik. Es tut mir leid, aber Fußball mag ich nicht so sehr! Möchtest du mir schreiben? Und wenn du nach London kommst, können wir uns vielleicht nach einem Match treffen. Ich wohne in Finsbury Park in Nordlondon, das ist gar nicht so weit vom Arsenal-Stadion. Und dort gibt es auch sehr gute Kneipen.

Text C Mark Engelberger antwortet auch aus London

  27.09.2009, 10:06

Mark E ●

Gast ●●●●○○

Registriert seit: 04.08.2009

Geschlecht: männlich
Ort: London

Beiträge: 3

Antwort: Suche Brieffreund(in) aus London!
Guten Tag, Joachim! Ich heiße Mark Engelberger und wohne seit zwei Jahren in Stockwell, Südlondon. Ich möchte sehr gerne einen deutschen Brieffreund haben, da ich hier in London keine Chance habe, Deutsch zu sprechen. Ich bin Australier, 26 Jahre alt und komme aus Melbourne. Ich spreche natürlich Englisch, aber meine Eltern sind Deutsche und zu Hause sprechen wir immer Deutsch. Hier in London arbeite ich als Sportlehrer in einer Schule in Brixton. Ich bin auch Arsenal-Fan und bin bei den Heimspielen immer im Stadion. Vielleicht können wir uns dort treffen und nachher in die Clubs im Westend gehen? Bitte schreib mir!

Texte B und C: Richtig oder falsch? Korrigieren Sie die falschen Aussagen.

a Loretta und Mark sprechen beide Deutsch.
b Sie können auch Spanisch und Englisch sprechen.
c Sie sind beide 23 Jahre alt.
d Fußball mögen sie nicht so sehr.
e Loretta wohnt in Nordlondon und Mark in Südlondon.
f Sie beide möchten Joachim nach einem Match treffen.

5 | Essen und Einkaufen

Abschnitt A

Übungen

1 Was passt?

Ordnen Sie zu.

a links = _____
b rechts = _____
c geradeaus = _____
d um die Ecke = _____

↑	↱	→	←
1	2	3	4

2 Welches Bild (1, 2 oder 3) passt zu welchem Dialog (a, b oder c)?

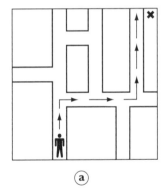

(a)

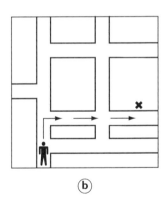

(b)

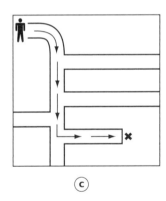

(c)

Dialog a
– Entschuldigen Sie, bitte. Gibt es hier in der Nähe eine gute Bäckerei?
– Ja, sicher, die Dorfbäckerei ist sehr gut. Gehen Sie hier gerade aus, etwa 20 Meter und nehmen Sie die zweite Straße rechts. Da in der Mühlengasse finden Sie auf der linken Seite die Dorfbäckerei.

Dialog b
– Guten Morgen! Entschuldigen Sie, bitte. Gibt es vielleicht eine Toilette nicht weit von hier?
– Ja, Sie haben Glück! Im Bahnhof ist eine Toilette.
– Und wo ist der Bahnhof?
– Sie gehen hier um die Ecke und dann gerade aus. Die Bahnhofstraße ist dann die dritte Straße links. Und am Ende der Straße ist schon der Bahnhof.

Dialog c
– Hallo! Könnt ihr mir bitte helfen? Ich möchte heute Abend tanzen gehen. Gibt es hier in der Nähe einen Club?
– Ja, klar! Geh hier geradeaus und nimm dann die erste Straße rechts und die zweite Straße links. Dort gibt es auf der rechten Seite einen Club.

Grammatik (1)

Akkusativ

Akkusativ mit: Gibt es ...? / Ich habe / suche / finde etc.

Bespiel
Gibt es hier ...

(m)	(f)	(nt)
ein**en** Club?	eine Bäckerei?	ein Hotel?

Mit männlichen Nomen: → ein**en**

Dort finden Sie **einen** Park.
Ich suche **einen** Biergarten.
Ich habe **einen** Bruder.

I Heißt es *der, die* oder *das?*

Supermarkt – Restaurant – Bank –
Biergarten – Kiosk – Kneipe – Hotel –
Café – Kirche – Kino – Park – Post

der	die	das
Supermarkt	*Kneipe*	*Hotel*
_____	_____	_____
_____	_____	_____
_____	*Post*	_____

2 Üben Sie den Akkusativ

Ergänzen Sie.

Gibt es hier ...

a   *einen* Supermarkt?
b   _____ Kiosk?
c   _____ Kneipe?
d   _____ Bank?
e   _____ Hotel?
f   _____ Kino?
g   _____ Restaurant?
h   _____ Park?
i   _____ Café?
j   _____ Post?
k   _____ Biergarten?

Grammatik (2)

Imperativ

Sie-Form:
Gehen Sie geradeaus.
Nehmen Sie die erste Straße links.

du-Form:
Geh geradeaus.
Nimm die erste Straße links.

ihr-Form:
Geht geradeaus.
Nehmt die erste Straße links.

Achtung! du-Form
1   Verben mit Vokalwechsel:
    nehmen → du ni**mm**st → *Nimm* die erste
    Straße.
2   Extra -e, wenn der Verbstamm mit -*t* oder
    -*d* endet:
    antworten → du antwort**est** → *Antworte*
    mir, bitte.
    reden → du red**est** → *Red**e*** nicht so viel.

1 Welches Verb fehlt?

> suchen – kaufen – gehen – essen – trinken – ~~nehmen~~

a Wo ist die Kantstraße?
Nehmen Sie die erste Straße rechts.

b Gibt es hier in der Nähe einen Park?
_____ Sie immer geradeaus.

c Oh, ich bin durstig.
_____ Sie ein Glas Wasser.

d Ich mag Brad Pitt.
_____ Sie doch seine neue DVD.

e Mein Englisch ist nicht gut.
_____ Sie doch eine Brieffreundin aus Großbritannien.

f Ich habe Hunger.
_____ Sie ein Sandwich oder einen Hamburger.

2 Du-Form

Schreiben Sie jetzt in der du-Form.

a *Nimm* die erste Straße rechts.

b _____ immer geradeaus.

c _____ ein Glas Wasser.

d _____ doch seine neue DVD.

e _____ doch eine Brieffreundin aus Großbritannien.

f _____ ein Sandwich oder einen Hamburger.

3 Der Imperativ

Ergänzen Sie.

Sie-Form	du-Form	ihr-Form
Hören Sie bitte zu!	*Hör bitte zu!*	*Hört bitte zu!*
_____	_____	*Telefoniert nicht so viel.*
_____	_____	
Gehen Sie hier links.	_____	_____
Schreiben Sie eine E-Mail.	_____	_____
_____	_____	_____
_____	*Sprich lauter, bitte.*	_____
_____	*Lies, bitte!*	_____

Mehr Vokabeln

die Kreuzung   die Ampel
die dritte Straße (3. Straße)
die vierte Straße (4. Straße)

Abschnitte B & C

Übungen

1 Martina und Andrea sind im Café.

Ergänzen Sie.

> gemischtes – bitte – jetzt – essen – einen –
> Kalorien – Sie – ohne – bestellen – eine – Eis
> – ~~durstig~~

Martina	Oh, bin ich **1** *durstig*. Ich brauche **2**_____ eine Cola.
Andrea	Aber eine Cola hat zu viele **3**_____.
Martina	Mmh, dann nehme ich **4**_____ Cola light. Hallo, wir möchten **5**_____.
Kellner	Was bekommen Sie, **6** _____?
Martina	Ich möchte eine Cola light mit viel **7**_____, bitte.
Kellner	Und **8**_____? Was bekommen Sie?
Andrea	Ich nehme **9**_____ Cappuccino, bitte.
Kellner	Und möchten Sie auch etwas **10**_____?
Andrea	Oh ja, ich nehme einen Apfelkuchen.
Martina	Und ich nehme ein **11**_____ Eis.
Keller	Mit oder **12**_____ Sahne?
Martina	Mmh, natürlich mit Sahne!

2 Getränke und Essen

Ordnen Sie zu.

~~Kaffee~~ – Kamillentee – Orangensaft – Tee –
Sekt – ~~Schnaps~~ – Weißwein – Butterkuchen –
gemischtes Eis – Mineralwasser – Sandwich –
Cola – Bier – Rotwein – heiße Schokolade –
Limonade – Kirschtorte – Weizenbier

Warme Getränke	Alkoholfreie Getränke	Alkohol	Essen
Kaffee		Schnaps	

Grammatik

Akkusativ

Ich habe / nehme / möchte / bekomme / trinke / esse, etc.

Ich nehme ...	Ich bekomme ...
ein**en** Kaffee. (m)	**den** Kaffee. (m)
eine Cola. (w/f)	**die** Cola. (w/f)
ein Bier. (s/nt)	**das** Bier. (s/nt)

Nach männlichen Nomen: → ein**en** / **den**

Ich trinke **einen** Tee.	Ich nehme **den** Kuchen.
Ich trinke **einen** Schnaps.	Ich bekomme **den** Schnaps.

1 Heißt es *einen*, *eine* oder *ein*?

Ergänzen Sie.

einen – einen – ein – einen – einen – eine –
einen – eine – eine – einen – eine – einen

a Ich habe _____ Sohn und auch _____ Tochter.

b Sandra hat _____ Cousin. Er heißt Kevin.

c Hast du _____ Computer?

d Ich habe _____ Hund. Sein Name ist Nero.

e Dort finden Sie rechts _____ Café.

f Ich möchte _____ Limonade, bitte.

g Trinkst du _____ Tee oder _____ Kaffee?

h Ich bekomme _____ Cola, bitte.

i Nehmen Sie noch _____ Flasche Rotwein?

j Ich nehme _____ Orangensaft.

2 Wer bekommt was?

Ergänzen Sie mit *den*, *die* oder *das*.

a Susanne bekommt *den* Orangensaft.

b Kai nimmt _____ Kaffee.

c Timo bekommt _____ Schnaps.

d Axel trinkt _____ Limonade.

e Annett trinkt _____ Cola.

f Nicolai trinkt _____ Glas Wasser.

g Jasmin bekommt _____ Bier.

h Julian bekommt _____ Tee und _____ Apfelkuchen.

i Carsten bekommt _____ Eis und _____ Tasse Tee.

j Svenja bekommt _____ Milchkaffee und _____ Butterkuchen.

Mehr Vokabeln

> **Leichte Gerichte / Snacks**
>
> der Hamburger (-)
> der Veggi-Burger (-)
> der Hotdog (-s)
> der Kebab (-s)
> das Sandwich (-e)
> das Hähnchen (-)
> die Bratwurst (¨e)
> die Ofenkartoffel (-n)
> die Suppe (-n)
>
> die Pommes frites/Pommes (Plural)

Abschnitt D–1

Übungen

1 Was ist das?

Ordnen Sie zu.

> ~~der Salat~~ – die Zitrone – das Würstchen – die Karotte – der Käse – das Ei – der Apfel – der Fisch – das Hähnchen – das Brötchen – das Brot – die Kartoffel

a _der Salat_   **b** _____   **c** _____   **d** _____

e _____   **f** _____   **g** _____   **h** _____

i _____   **j** _____   **k** _____   **l** _____

2 Lebensmittel

Ergänzen Sie die Sätze 1–8 und schreiben Sie Ihre Antworten in die Box. Dann sehen Sie ein neuntes Wort. Was ist das Wort?

1 Wenn man Vegetarier aber kein Veganer ist, kann man Gemüse, Eier und K ä _ _ essen.
2 In Asien isst man viel Reis, aber in Europa isst man viele K _ _ _ _ _ _ _ _ _.
3 Würste kann man in der Fleischerei oder im Supermarkt kaufen. Die kleinen Würste heißen _ _ _ _ _ c h e n.
4 Zum Frühstück esse ich meistens ein _ _ _ t mit Marmelade.
5 In England trinkt man _ _ _ meistens mit Milch, aber manchmal mit Zitrone.
6 Wenn man zu dick ist, muss man mehr Obst, Gemüse und _ _ l _ _ essen.
7 Man braucht viele Ä _ _ _ _ , wenn man Cider macht.
8 Ich nehme einen Kaffee und ein Stück _ u _ _ _ _ mit Sahne.

Und was ist das neunte Wort?

1								
2								
3								
	4							
			5					
	6							
		7						
	8							

3 Was kann man sagen?

	eine Flasche	eine Dose	eine Packung	ein Stück	250 Gramm
Olivenöl	✓				
Bier					
Karotten					
Salami					
Wasser					
Käse					
Brot					
Kaffee			✓		

Neue Vokabeln

07.30 zum Frühstück
a

13.00 zu Mittag
b

19.00 zum Abendbrot/ zum Abendessen
c

4 Was essen die Leute?

Lesen Sie die Texte und beantworten Sie die Fragen.

> **Andreas Kaputtzke, 47, Bankangesteller**
>
> Zum Frühstück esse ich zwei Brötchen mit Marmelade. Ich trinke einen Kaffee.
>
> Zu Mittag gehe ich in die Kantine und ich esse eine Pizza oder Fisch. Ich trinke Mineralwasser oder eine Cola. Zum Abendbrot esse ich oft eine Suppe oder Pasta. Ich trinke ein Glas Rotwein.

> **Konstantin Berger, 21, Student**
>
> Zum Frühstück esse ich Cornflakes mit Milch und ich trinke einen Kaffee. Zu Mittag esse ich ein Baguette mit Käse oder Salami und trinke eine Cola. Zum Abendbrot esse ich einen Hamburger, eine Pizza oder Hähnchen mit Pommes. Ich trinke eine Flasche Bier, manchmal auch zwei Flaschen.

> **Magdalena Müller, 32, Yoga-Lehrerin**
>
> Zum Frühstück esse ich Müsli und trinke Tee. Manchmal esse ich auch einen Joghurt.
>
> Zu Mittag esse ich einen Salat und trinke eine Flasche Mineralwasser. Zum Abendbrot esse ich oft Tofu oder Reis. Ich esse kein Fleisch. Ich bin Vegetarierin. Ich koche gern und esse gern japanisch.

Richtig oder falsch? Korrigieren Sie die falschen Aussagen.

Beispiel
Zum Frühstück essen Andreas und Magdalena Brötchen. →
Falsch. Andreas isst zwei Brötchen, aber Magdalena isst Müsli.

a Zum Frühstück trinken Andreas und Konstantin Kaffee.

b Zu Mittag isst Andreas Pizza oder Fleisch.

c Zu Mittag isst Konstantin einen Hamburger oder Hähnchen mit Pommes.

d Magdalena isst Tofu oder Reis zum Abendbrot.

e Andreas und Konstantin trinken beide Wein.

f Magdalena isst gern Fleisch.

> **Achtung! Wortstellung**
>
> **Das Verb ist das 2. Element:**
>
> | (1)
Ich | (2)
esse | (3)
Brötchen zum Frühstück. |
> |---|---|---|
> | Zum Frühstück | esse | ich Müsli. |
> | Zum Abendbrot | trinke | ich ein Bier. |

5 Und Sie? Was essen Sie?

Schreiben Sie und sprechen Sie dann.

a Was essen Sie zum Frühstück?
Zum Frühstück esse ich
_____.

b Was trinken Sie zum Frühstück?
Zum Frühstück trinke ich
_____.

c Was essen Sie zu Mittag?
Zu Mittag esse ich
_____.

d Was trinken Sie zu Mittag?
Zu Mittag trinke ich
_____.

e Was essen und trinken Sie zum Abendbrot?
Zum Abendbrot esse ich _____
und ich trinke _____.

f Was essen Sie und was trinken Sie gern?
Ich esse gern _____ und ich
trinke gern _____.

g Was essen Sie nicht gern und was trinken Sie nicht gern?
Ich esse nicht gern _____ und ich
trinke nicht gern _____.

Grammatik

> **Plural (2)**
>
> **Tipp – typische Endungen**
>
> **Männliche Nomen: -e oder ⸚e**
> der Wein → die Wein**e**
> der Saft → die S**ä**ft**e**
>
> **Weibliche Nomen: -n / -en oder ⸚e**
> die Flasche → die Flasche**n**
> die Packung → die Packung**en**
> die Wurst → die W**ü**rst**e**
>
> **Sächliche Nomen: -e oder ⸚e**
> das Bier → die Bier**e**
> das Buch → die B**ü**ch**er**
>
> **Englische/Französische Nomen, etc.: -s**
> das Taxi → die Taxi**s**
> die Cola → die Cola**s**
>
> **Nomen mit -chen: -**
> das Würstchen → die Würstchen

❙ Wie heißt der Plural?

i

a der Salat   → *die Salate*
b der Pilz   → _____
c _____   → *die Kurse*
d der Kiosk   → _____
e der Schnaps   → *die Schnäpse*
f der Orangensaft   → _____
g der Apfelsaft   → _____
h der Supermarkt   → _____

ii

a die Karotte   → _____
b die Tomate   → _____
c die Dose   → *die Dosen*
d die Tasse   → _____
e die Flasche   → _____
f die Kartoffel   → _____
g die Packung   → _____
h die Zeitung   → _____
i die Wurst   → _____
j _____   → *die Städte*

iii

a das Bier   → _____
b das Brot   → _____
c das Getränk   → _____
d das Land   → *die Länder*
e das Buch   → _____
f das Haus   → _____

iv

a das Restaurant   → _____
b das Café   → *die Cafés*
c das Hotel   → _____
d das Kino   → _____
e die Salami   → _____
f der Park   → _____

❷ Eine Einkaufsliste (*Shopping list*)

i

Britta und Carsten machen eine große Party. Hier ist ihre Einkaufsliste. Ergänzen Sie die Pluralformen.

> **Einkaufsliste**
>
> a 20 Flasche__ Wein
> b 15 Flasch__ Sekt
> c 50 Dose__ Bier
> d 10 Orangensäft__, 10 Apfelsäft__
> e 40 Packung__ Tortilla-Chips
> f 15 Baguette__ + 4 Weißbrot__
> g 5 Packung__ Tofu
> h 5 Salami__
> i 100 Plastikgläs__
> j 200 Serviette__

ii

Sie machen eine Party. Was brauchen Sie? Schreiben Sie eine Einkaufsliste.

Abschnitt D–2

Übungen

┃ Welches Wort fehlt?

```
Tag – Abonnement – billig – Ausstellungen –
Kuchen – lieber – Biergarten – teuer
```

a Ich gehe oft ins Museum, hier in Berlin gibt es
gute *Ausstellungen*.

b Im Sommer gehe ich gern in den
_____.

c Wir gehen jeden _____ in den Park.

d Ich gehe oft ins Theater – wir haben ein
_____.

e Ich gehe gern ins Café. Ich mag _____.

f Ich gehe selten ins Restaurant. Das ist zu
_____ für mich.

g Jeden Montag ist Kino-Tag. Da ist es besonders
_____.

h Ich gehe gern ins Restaurant, aber ich gehe
_____ ins Café.

2 Wie oft?

Sagen Sie es anders.

Benutzen Sie: *häufig*, *oft*, *manchmal*, *selten* oder
nie.

a Sie liest jeden Tag die Zeitung.
Sie liest häufig die Zeitung.

b Er geht einmal im Monat joggen.
_____.

c Er geht einmal im Jahr ins Theater.
_____.

d Sie geht dreimal oder viermal pro Woche
schwimmen.
_____.

e Er hasst Opernmusik.
Er geht _____ in die Oper.

Grammatik

Akkusativ		
Achtung! Akkusative nach: *Ich gehe in* ...		
Ich gehe ... (m)	*Ich gehe...* (f)	*Ich gehe* ... (nt)
in den Park	**in die** Kneipe	**ins** Theater
in den Biergarten	**in die** Oper	**ins** Kino
in den Club	**in die** Disco	**ins** Café
		ins Restaurant
		ins Museum
		ins Fitnessstudio

┃ Wohin gehen die Leute?

a   Marianne geht *ins Café*.

b   Peter geht _____.

c   Claudia geht _____.

d   Stefan geht _____.

e   Simone _____.

2 Und wohin gehen Sie? Und wie oft?

Schreiben Sie und sprechen Sie dann.

a Wie oft gehen Sie ins Kino?

_____.

b Wie oft gehen Sie in die Kneipe?

_____.

c Wie oft gehen Sie ins Café?

_____.

d Gehen Sie manchmal ins Fitnessstudio?

_____.

e Gehen Sie manchmal in den Club oder in die Disco?

_____.

f Und wie oft gehen Sie ins Restaurant?

_____.

g Wohin gehen Sie gern und wohin gehen Sie nicht gern?

_____

Abschnitt D–3

Mehr Aktivitäten

Ich esse gern …	
chinesisch.	italienisch.
deutsch.	japanisch.
französisch.	südamerikanisch.
indisch.	türkisch.

Und zum Schluss

 I Sprechen

Ein Interview. Was sagen Sie?

a Was essen Sie zum Frühstück?
b Was trinken Sie zum Frühstück?
c Was essen und trinken Sie zu Mittag?
d Was essen und trinken Sie zum Abendbrot?
e Was essen Sie und was trinken Sie gern?
f Trinken Sie lieber Tee oder Kaffee?
g Sie sind im Café. Bestellen Sie:
    Was möchten Sie trinken?
    Was möchten Sie essen?
h Sind Sie Vegetarier?
i Kochen Sie gern? Wenn ja, was kochen Sie?
j Gehen Sie oft ins Café?
k Gehen Sie oft ins Restaurant?
l Was essen Sie gern? (Zum Beispiel: japanisch, indisch, italienisch etc.)
m Gehen Sie lieber ins Kino oder ins Theater?
n Wohin gehen Sie gern und wohin gehen Sie nicht gern?

 ## 2 Lesetext: Im italienischen Restaurant

Florian und Susanna essen zusammen im Café Portobello. Susanna ist Vegetarierin.

Lesen Sie die Speisekarte auf der Seite 48: Welche sieben Gerichte kann Susanne nicht essen?

Schreiben Sie die Nummern der Gerichte in die Box:

3						

Neue Vokabeln

die Gurke (-n)	cucumber
der Schinken (-)	ham
die Zwiebel (-n)	onion
die Hähnchenbrust (¨e)	chicken breast
das Rindfleisch	beef

CAFÉ PORTOBELLO

Limmer Straße 105 ~ 30451 Hannover
Öffnungszeiten: Mo.–Fr. 16 Uhr–1 Uhr und Sa. & So. 10 Uhr–1 Uhr
Bestellungen unter Tel. 0511/ 210 4004

Salate

1.	Gemischter Salat – mit Tomaten, Gurken etc.	€ 4,00
2.	Mozzarellasalat – mit Tomaten und Basilikum	€ 4,50
3.	Portobellosalat – mit Schinken, Käse, Pilzen, Gurken etc.	€ 4,50
4.	Gemüsesalat – mit Brokkoli, Blumenkohl, Karotten, Mais	€ 4,50
5.	Hähnchensalat – mit Tomaten, Gurken, Mais, Oliven etc.	€ 5,00

Suppen

6.	Zwiebelsuppe	€ 3,50
7.	Tomatensuppe	€ 4,50
8.	Rindfleischsuppe	€ 4,50

Pizza

9.	Original – Tomaten, Käse, Salami, Pilze, Paprika	€ 6,00
10.	Funghi – Tomaten, Käse, Pilze	€ 6,00
11.	Primavera – Tomaten, Käse, Schinken, Artischocken	€ 7,50
12.	California – Tomaten, Käse, Kirschen, Bananen etc.	€ 7,50
13.	Spezial – Tomaten, Käse, Ananas, Hähnchenbrust, Peperoni	€ 8,50

Verschiedenes

14.	Überbackene Gemüseplatte	€ 6,50
15.	Rührei Spezial – Tomaten, Zwiebel, frische Pilze	€ 5,00
16.	Portobello Spezial – Rindfleisch mit Eiern, Tomaten, Zwiebeln etc.	€ 7,00
17.	Borani – Auberginen in Tomatensauce, Joghurt, Salat	€ 7,50

Alle Preise inklusive Bedienungsgeld und Mehrwertsteuer.

6 | Uhrzeiten und Verabredungen

Abschnitt A

Übungen

1 Wie heißen die Wochentage?

a Montag **c** Mittwoch **e** Freitag **g** Sonntag
b Dienstag **d** Donnerstag **f** Samstag

Und: Samstag + Sonntag = das Wochenende

2 Welcher Satz (a–h) passt zu welchem Symbol (1–8)?

①

②

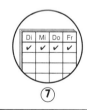
③

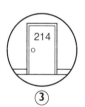
④

⑤

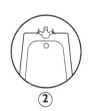
⑥

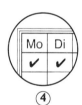
⑦

⑧

a Ich möchte ein Einzelzimmer, bitte.
b Ich möchte ein Doppelzimmer.
c Ich möchte für zwei Nächte.
d Mit Dusche, bitte.
e Ich möchte ein Zimmer mit Bad.
f Ich nehme ein Zimmer für vier Nächte, bitte.
g Wie ist die Zimmernummer?
h Und was kostet das Zimmer?

a	b	c	d	e	f	g	h
6							

3 Katja Kuhlmann möchte ein Zimmer buchen

Ergänzen Sie.

> Schlüssel – Restaurant – Aufenthalt –
> ~~Einzelzimmer~~ – heute – Internetzugang –
> Nacht – Frühstück – möchten – von – kostet
> – bis – Nächte – essen – nehme – Dusche

Katja	Guten Tag. Haben Sie ein **1** *Einzelzimmer* frei?
Empfangsdame	Und für wie lange **2**_____ Sie das Zimmer?
Katja	Für drei **3**_____ – von **4**_____ bis Donnerstag.
Empfangsdame	Möchten Sie ein Zimmer mit Bad oder **5**_____?
Katja	Mit Bad, bitte. Hat das Zimmer auch Internetzugang?
Empfangsdame	Ja, natürlich. Alle Zimmer haben **6**_____.
Katja	Und was **7**_____ das Zimmer?
Empfangsdame	126 Euro pro **8**_____.
Katja	Gut. Und wann gibt es **9**_____?
Empfangsdame	Wir haben ein Frühstücksbuffet **10**_____ sieben Uhr **11**_____ neun Uhr.
Katja	Kann man auch am Abend hier im Hotel etwas **12**_____?
Empfangsdame	Ja, unser **13**_____ ist bis 22 Uhr geöffnet.
Katja	Wunderbar. Dann **14**_____ ich das Zimmer.
Empfangsdame	Hier ist Ihr **15**_____ . Zimmer 32. Ich wünsche Ihnen einen angenehmen **16**_____ .

Grammatik

Fragen (2)

Fragen mit wo, wie, wann, was, wie viel etc.

Das *Verb* ist das 2. Element:

(1)	(2)	(3)
Wo	wohnen	Sie?
Wann	gibt	es Frühstück?
Wie viel	kostet	das Zimmer?

Ja-Nein-Fragen

Das *Verb* ist das 1. Element:

(1)	(2)	(3)
Haben	Sie	ein Zimmer frei?
Möchten	Sie	ein Zimmer mit Bad?

Manchmal gibt es ein 2. *Verb* am Ende:

(1)	(2)	(3)	(Ende)
Ich *kann*	morgen Abend	nicht *kommen*.	

I Welche Frage (A) passt zu welcher Antwort (B)?

A

1 Haben die Zimmer auch Internetzugang?
2 Um wie viel Uhr gibt es Frühstück?
3 Kann ich am Abend im Hotel essen?
4 Möchten Sie ein Zimmer mit Dusche?
5 Wie lange möchten Sie das Zimmer?
6 Gibt es Frühstück hier im Hotel?
7 Wie ist die Zimmernummer?

B

a Ja, wir haben ein großes Frühstücksbuffet.
b Ja, mit Dusche, bitte.
c Zwischen sieben und neun Uhr.
d Achtzehn.
e Ja, alle Zimmer haben Zugang zum Internet.
f Für drei Nächte, bitte.
g Nein, leider nicht. Das Restaurant ist nur bis 18 Uhr geöffnet.

Wie viele Ja-Nein-Fragen gibt es in Übung 1?

2 Wie heißen die Fragen?

Ergänzen Sie.

a _____?

Ja. Möchten Sie ein Einzelzimmer oder eine Doppelzimmer?

b _____?

Für drei Nächte, bitte.

c _____?

Nein, mit Dusche, bitte.

d _____?

154 Euro, inklusive Frühstücksbuffet.

e _____?

Zwischen sieben und neun Uhr.

f _____?

Nein, leider hat das Zimmer keinen Internetzugang.

Mehr Vokabeln

Hotels

Ein Zimmer ...
mit Frühstück.
ohne Frühstück.
mit Halbpension. (HP)
mit Vollpension. (VP)
mit Internetzugang.

Halbpension = Frühstück + Abendessen
Vollpension = Frühstück + Mittagessen + Abendessen

Abschnitt B

Übungen

I Wie viel Uhr ist es?

Ordnen Sie zu.

a Es ist halb sieben.

b Es ist zwanzig nach neun.

c Es ist Viertel vor drei.

d Es ist Viertel nach acht.

e Es ist halb elf.

f Es ist fünf vor vier.

g Es ist halb acht.

h Es ist zehn vor fünf.

i Es ist kurz vor zwölf.

j Es ist fünf nach halb sechs.

d 16.00 Uhr →

_____

e 23.00 Uhr →

_____

f 15.00 Uhr →

_____

g 2.00 Uhr →

_____

h 14.00 Uhr →

_____

2 Die 24-Stunden-Uhr

Beispiele

7.00 Uhr →   Es ist sieben Uhr morgens.

17.00 Uhr →   Es ist fünf Uhr nachmittags.

a 13.00 Uhr →

_____

b 18.00 Uhr →

_____

c 21.00 Uhr →

_____

Grammatik

Man kann sagen:

a morgens *oder* am Morgen

b mittags *oder* am Mittag

c nachmittags *oder* am Nachmittag

d abends *oder* am Abend

e nachts *oder* in der Nacht

Es ist sechs Uhr morgens. *oder* Es ist 6 Uhr am Morgen.

Es ist zwölf Uhr mittags. *oder* Es ist 12 Uhr am Mittag.

I Die Weltzeit

Berlin	16.00
Moskau	18.00
London	15.00
Hongkong	23.00
New York	10.00
Rio de Janeiro	12.00
Neu Delhi	22.30
Kapstadt	17.00
Los Angeles	07.00
Sydney	02.00

Wie spät ist es in Moskau, London etc.?
Benutzen Sie *am Morgen, am Mittag, am Nachmittag, am Abend, in der Nacht.*

Beispiel
In Berlin ist es vier Uhr am Nachmittag.

a Moskau: + 2 Stunden
In Moskau ist es sechs Uhr am Abend.

b London: –1 Stunde

_____

c Hongkong: +7 Stunden

_____

d New York: –6 Stunden

_____

e Rio de Janeiro: –4 Stunden

_____

f Neu Delhi: +6 Stunden

_____

g Kapstadt: +1 Stunde

_____

h Los Angeles: –9 Stunden

_____

i Sydney: +11 Stunden

_____

Mehr Vokabeln

Sagen Sie es anders

morgens – am Morgen
mittags – am Mittag
nachmittags – am Nachmittag
abends – am Abend
nachts – in der Nacht

Achtung! – *morgen*
Heute ist Sonntag, morgen ist Montag.

Abschnitt C

Übungen

I Welches Verb passt am besten?

---

anrufen – arbeiten – ~~aufstehen~~ – duschen –
einkaufen – sehen – frühstücken – gehen –
kochen – lesen – machen – schreiben –
spielen – treffen – trinken – verlassen

---

a um 6.30 Uhr: *aufstehen*
b eine Tasse Tee trinken, ein Croissant essen:

_____

c im Bad: _____
d das Haus: _____
e im Büro, in einer Bank etc.: _____
f eine E-Mail, eine SMS etc.: _____
g eine Kundin, einen Kunden: _____
h eine Mittagspause: _____

i Fußball, Tennis, eine CD: _____

j Spaghetti, eine Suppe, Essen: _____

k einen Cappuccino, ein Bier, ein Glas Tee: _____

l eine Freundin, einen Freund: _____

m im Supermarkt, auf dem Markt: _____

n ins Kino, ins Restaurant, ins Bett: _____

o eine Zeitung, ein Magazin, ein Buch: _____

p die Nachrichten, ein Fußballspiel, einen Film: _____

2 Was macht Dennis?

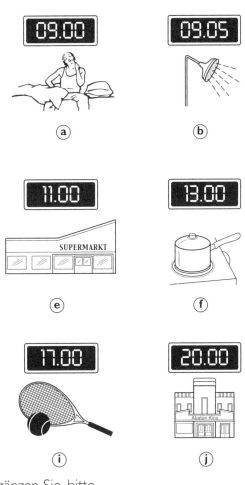

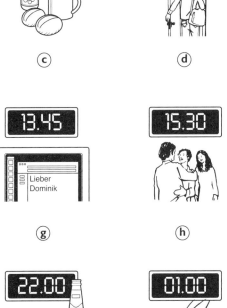

Ergänzen Sie, bitte.

a Was macht Dennis um 9.00 Uhr?
Um 9.00 Uhr steht er auf.

b Was macht Dennis dann?
Dann

_____

c Was macht er um 9.30 Uhr?
Um 9.30 Uhr

_____

d Um wie viel Uhr verlässt er das Haus?
Er verlässt

_____

e Was macht er um 11.00 Uhr?

Um 11.00 Uhr

_____

f Was macht er um 13.00 Uhr?

Um 13.00 Uhr

_____

g Was macht er um 13.45 Uhr?

Um 13.45 Uhr

_____

h Was macht er am Nachmittag?

Am Nachmittag

_____

i Was macht er um 17.00 Uhr?

Um 17.00

_____

j Wohin geht er um 20.00 Uhr?

Um 20.00 Uhr

_____

k Was macht er um 22.00 Uhr?

Um 22.00 Uhr

_____

l Wann geht er ins Bett?

Er geht

_____

Grammatik (1)

Trennbare Verben

Verben mit den folgenden Präfixen sind meistens trennbar:
ab-, an-, auf-, ein-, fern-.

Beispiele: _abholen, anrufen, aufstehen, einkaufen, fernsehen_ →

Er ruft seine Eltern _an._
Ich stehe nicht gern um 6 Uhr _auf._
Wir kaufen im Supermarkt _ein._

Auch: _mit!_ Zum Beispiel: _mitkommen_ →
Kommst du _mit?_

I Trennbare Verben

Verbinden Sie Satzteil A mit Satzteil B.

A
1 Susanne steht immer
2 Peter sieht jeden Abend
3 Frau Schulz kauft gern
4 Herr Klose ruft gerade
5 Wann fängt das Konzert
6 Herr Matthies holt heute

B
a eine Kundin an.
b seine Kinder von der Schule ab.
c um 9 Uhr auf.
d heute Abend an?
e im Plus-Supermarkt ein.
f fern.

2 Wie heißen die trennbaren Verben?

Ergänzen Sie.

ein – an – ab – mit – auf – an – an – fern –
auf – fern – ab – an

a Ich stehe um 7 Uhr _____.
b Mein Kurs fängt um 18.00 Uhr _____.
c Er kauft im Supermarkt _____.
d Ich rufe Sie um 5 Uhr _____.
e Sie sieht gern _____.
f Ich hole Peter _____.
g Wann stehst du morgens _____?
h Ich sehe oft _____.
i Um wie viel Uhr fängt deine Arbeit _____.
j Sie holt eine Freundin von der Arbeit _____.
k Sie ruft eine Kundin _____.
l Ich möchte heute clubben gehen. Kommst du _____?

Grammatik (2)

Wortstellung

Inversion

Das *Subjekt* steht **nach** dem Verb, wenn auf Position (1) ein anderes Element ist, zum Beispiel „Dann ...", „Danach ...", „Um 8 Uhr ..." etc.

(1)	(2)	(3)	(4)
Dann	frühstücke	*ich.*	
Um 8 Uhr	gehe	*ich*	aus dem Haus.
Danach	trinkt	*er*	ein Bier.

▎ Das macht Susanne am Samstag

Beginnen Sie die Sätze mit den Wörtern in den Klammern (*brackets*).

Beispiel

Ich stehe normalerweise um 9 Uhr auf. (*Am Samstag*) →
Am Samstag stehe ich normalerweise um 9 Uhr auf.

a Ich esse Joghurt, Früchte und Croissants zum Frühstück. (Dann)

b Ich kaufe meistens auf dem Markt ein. (Danach)

c Ich esse in einem Café zu Mittag. (Um ein Uhr)

d Ich treffe oft Freunde. (Am Nachmittag)

e Wir gehen ins Kino oder schwimmen. (Meistens)

f Wir kochen etwas zusammen. (Danach)

g Wir gehen gern tanzen. (Anschließend)

h Ich gehe um Mitternacht ins Bett. (Meistens)

Mehr Vokabeln

Mehr trennbare Verben

Verben mit den folgenden Präfixen sind meistens trennbar:
  aus-, vor-, zu-, zurück-:

*aus*machen	Er macht das Licht *aus.*
*vor*bereiten	Timo bereitet das Essen *vor.*
*zu*machen	Sie macht die Tür *zu.*
*zurück*kommen	Sie kommen um 8 Uhr *zurück.*

*aus*machen = to turn off; *vor*bereiten = to prepare; *zu*machen = to close; *zurück*kommen = to come back

Abschnitte D & E

Übungen

▎ Marc möchte mit Philipp ins Kino gehen

Ordnen Sie den Dialog.

1	2	3	4	5	6
i					

7	8	9	10	11	12

a Marc Kannst du am Montag? Da ist Kino-Tag.

b Philipp Um 8 Uhr vielleicht? Dann können wir vorher noch etwas trinken.

c Marc Am Dienstag mache ich einen Computerkurs, ich lerne nämlich gerade Photoshop. Vielleicht Mittwoch oder Donnerstag?

d Philipp Gut, danke. Und dir?

e Marc Ja, das ist eine gute Idee. Also dann bis Mittwoch um 8 Uhr.

f Philipp Ja, bis Mittwoch. Mach's gut.

g Marc Auch gut. Philipp, ich möchte nächste Woche ins Kino gehen. Es gibt einen neuen Film mit Sean Penn. Kommst du mit?

h Philipp Tut mir leid. Am Montagabend kann ich nicht. Da muss ich bis 9 Uhr arbeiten. Kannst du am Dienstag?

i Marc Hallo Philipp. Wie geht's?

j Philipp Ja, sehr gern. Wann denn?

k Marc Um Viertel vor neun. Wann treffen wir uns?

l Philipp Am Donnerstag kann ich nicht, aber Mittwoch ist gut. Wann fängt der Film an?

Grammatik

Modalverben (1) – *können, müssen, möchten*

1 Modalverben sind irregulär:

ich	→	kann	muss	möchte
du	→	kannst	musst	möchtest
Sie	→	können	müssen	möchten
er/sie	→	kann	muss	möchte
wir	→	können	müssen	möchten
ihr	→	könnt	müsst	möchtet
Sie/sie	→	können	müssen	möchten

2 Wortstellung
Das *Modalverb* ist meistens in Position 2. Gibt es ein *2. Verb*, steht es am Ende. Das *2. Verb* ist im Infinitiv:

(1)	(2)	(3)	(4) (Ende)
Ich	*möchte*	gern ins Kino	*gehen.*
Dann	*können*	wir vorher etwas	*trinken.*
Ich	*muss*	bis 21.00 Uhr	*arbeiten.*

Achtung! Modalverben + trennbare Verben

Ich	muss	immer früh	*aufstehen.*
Kai	kann	nicht	*mitkommen.*

I Modalverben

Ergänzen Sie, bitte.

a Ich _____ noch eine E-Mail schreiben. (müssen)

b _____ du Myriam anrufen? (können)

c Er _____ am Mittwoch nicht kommen. (können)

d Florbella _____ am Montag arbeiten. (müssen)

e Wir _____ nur heute Abend ins Konzert gehen. (können)

f Wir _____ am Samstag bis 8 Uhr arbeiten. (müssen)

g _____ ihr zur Party kommen? (können)

h _____ ihr morgen arbeiten? (müssen)

i Ich _____ jetzt meine Freundin abholen. (müssen)

j Ich _____ am Wochenende gern ins Fußballstadion gehen. (möchten)

k _____ du mitkommen? (möchten)

l Was _____ ihr morgen Abend machen? (möchten)

2 Was können Sie gut? Was können Sie nicht so gut?

Beantworten Sie die Fragen.

Beispiel
Können Sie gut Autofahren? →
Ja, ich kann sehr gut / gut / ganz gut Autofahren.
Nein, ich kann nicht gut / überhaupt nicht Autofahren.

a Können Sie gut Auto fahren?

_____

b Können Sie Motorrad fahren?

_____

c Können Sie Englisch sprechen?

_____

d Können Sie gut Fußball spielen?

_____

e Können Sie Klavier spielen?

_____

f Können Sie gut singen?

_____

g Können Sie gut tanzen?

_____

h Können Sie gut kochen?

_____

i Was können Sie noch gut? Können Sie drei Beispiele finden?

_____

3 Und jetzt Sie

Zwei Freunde möchten Sie besuchen und fragen Sie: Was kann man am Wochenende in Ihrer Stadt machen?

Schreiben Sie in einer E-Mail, was man am Wochenende machen kann.

Liebe Angelika, lieber Peter,

wie geht's? Ihr kommt nächstes Wochenende? Das ist fantastisch.

Hier in _____ kann man sehr viel machen.

Am Samstagmorgen können wir _____
_____
_____

Am Nachmittag kann man _____
_____
_____

Am Samstagabend können wir _____
_____
_____

Am Sonntag können wir _____
_____
_____

Bis Samstag. Viele Grüße
_____

Mehr Vokabeln

Ausgehen

die Ausstellung (-en)
das Ballett (-e)
das Festival (-s)
die Führung (-en) / die Tour (-en)
das Konzert (-e)
die Lesung (-en)
das Musical (-s)
die Party (-s)

Und zum Schluss

 I Sprechen

Ein Interview. Was sagen Sie?

a Wann stehen Sie normalerweise auf?

b Wann frühstücken Sie?

c Was essen Sie normalerweise zum Frühstück?

d Wann gehen Sie meistens aus dem Haus?

e Wann fängt Ihre Arbeit / Ihr Studium an?

f Wann essen Sie zu Mittag?

g Was essen Sie?

h Was machen Sie am Nachmittag?

i Kaufen Sie meistens im Supermarkt ein?

j Was machen Sie meistens am Abend?

k Gehen Sie manchmal ins Kino, ins Theater oder ins Konzert?

l Wenn ja, wie oft?

m Sehen Sie abends oft fern?

n Lesen Sie jeden Tag Ihre E-Mail?

o Wann essen Sie zu Abend? Und was essen Sie?

p Wann gehen Sie normalerweise ins Bett?

q Was machen Sie normalerweise am Wochenende? Erzählen Sie.

r Was kann man in Ihrer Stadt machen?

s Was kann man am Wochenende machen?

t Wann müssen Sie in der Woche aufstehen?

u Müssen Sie manchmal auch am Wochenende oder am Abend arbeiten?

v Was können Sie gut? Nennen Sie mindestens drei Beispiele.

w Was können Sie nicht so gut? Nennen Sie drei Beispiele.

x Was möchten Sie heute noch machen?

2 Lesen

Daniels Blog – Mein Wochenende

Freitag
Es ist Freitag und mein Chef ist nicht da. Da mache ich heute spätestens um 14 Uhr Feierabend!

Heute gehe ich erst noch zum Training. Danach treffe ich meine Freundin Steffi und um 15.30 Uhr gehen wir ins Kino. Im CinemaxX spielt der neue Film mit Kate Winslet. Den möchten wir sehen.

Nach dem Film gehen wir dann essen. Wir essen gern griechisch und im Stadtzentrum gibt es drei gute griechische Restaurants. Wenn man vor 18 Uhr ins Dionysos kommt, gibt es dort Spezialpreise und man kann ziemlich viel Geld sparen.

Danach möchte Steffi nach Hause gehen und fernsehen, aber ich möchte lieber in die Casablanca-Disco gehen und tanzen. Da kann man bis um 23 Uhr für nur drei Euro reinkommen. Ich trinke auch überhaupt keinen Alkohol, wenn ich Auto fahren muss. Wir tanzen meistens bis um halb drei morgens und dann kommt Steffi mit mir nach Hause.

Samstag
Samstags kann Steffi lange schlafen. Ich muss aber schon um 9 Uhr im Büro sein. Das finde ich natürlich nicht so gut! Aber um eins ist samstags bei uns im Büro schon wieder Feierabend. Oft fahre ich Samstagnachmittag zu einem Fußballspiel. Steffi fährt manchmal mit, aber Fußball findet sie nicht so interessant. Meistens fahre ich mit meinem Freund Alex zum Spiel.

Am Samstagabend bin ich immer mit Steffi zusammen. Manchmal gehen wir ins Kino, manchmal gehen wir mit Freunden in die Kneipe und manchmal bleiben wir bei mir zu Hause. Die Hauptsache ist, dass wir zusammen sind.

Sonntag
Sonntags schlafe ich lange und besuche dann nach dem Mittagessen meine Oma. Ich helfe meiner Oma im Haushalt und mit der Gartenarbeit. Sie backt mir immer einen wunderbaren Kuchen. Am Abend sehen wir ein bisschen fern und gegen 9 Uhr gehe ich wieder nach Hause. Dann ist der Montag bald wieder da!

Richtig oder falsch? Korrigieren Sie die falschen Aussagen.

a   Am Freitag kann Daniel um 2.00 Uhr nachmittags Feierabend machen, weil sein Chef nicht da ist.

b   Daniel und Steffi wollen Freitagabend ins Kino gehen.

c   Daniel und Steffi essen gern griechisch, aber im Stadtzentrum gibt es nur ein griechisches Restaurant.

d   Daniel möchte später am Freitagabend tanzen gehen, aber Steffi möchte lieber zu Hause fernsehen.

e   Daniel trinkt nur wenig Alkohol, wenn er fahren muss.

f   Samstags muss Daniel von 9.00 bis 13.00 Uhr arbeiten.

g   Oft fährt er am Samstagnachmittag mit seinem Freund Alex zu einem Fußballspiel.

h   Samstagabend ist Daniel immer mit Steffi zusammen.

i   Sonntags besucht Daniel seinen Vater.

j   Daniel backt sonntags immer einen Kuchen.

7 | Alltag in der Stadt

Abschnitte A & B

Übungen

1 Wie heißen die Geschäfte?

Ergänzen Sie.

a Die B _u_ ch _h_ andlung:
Hier bekommt man Bücher, DVDs etc.

b Der G_tr_nke_arkt:
Hier kann man vor allem Bier, Wein, Limonade,
Cola etc. kaufen.

c Die Fl _ _scherei oder Metzger_ _:
Hier bekommt man Fleisch, Würstchen etc.

d Die B _ _k:
Hier kann man zum Beispiel Geld wechseln.

e Die _ p_th_ke:
Hier bekommt man Aspirin und andere
Medikamente.

f Die B _ c _e _ei:
Hier holt man Brot, Brötchen und Kuchen.

g Der E_ _ktr_laden:
Hier bekommt man Handys, Notebooks, PCs
etc.

h Das K _ _ fhau _:
Hier kann man fast alles kaufen.

i Die _ro_erie:
Hier bekommt man Shampoo, Zahnpasta etc.

j Der K_osk:
Hier bekommt man Zeitungen, Zigaretten und
Süßigkeiten.

2 In der Buchhandlung

Ergänzen Sie.

> Wiedersehen – Deutsch – Euro – bezahlen –
> habe – Beispiel – hat – kostet – nehme – ist
> – Reiseführer – helfen – Wochenende

Verkäufer	Guten Tag. Kann ich Ihnen **1**_____?
Kunde	Ja, ich fahre am **2**_____ nach Paris und suche einen guten **3**_____.
Verkäufer	Auf Deutsch oder auf Französisch?
Kunde	Auf **4**_____.
Verkäufer	Ja, da haben wir hier zum **5**_____ einen Reiseführer von Baedeker.
Kunde	Mmh, der **6**_____ nicht so viele Fotos.
Verkäufer	Oh, dann **7**_____ ich hier noch einen Reiseführer von Merian.
Kunde	Und was **8**_____ er?
Verkäufer	12 **9**_____ 50.
Kunde	Gut, dann **10**_____ ich den Merian-Reiseführer. Wo kann ich **11**_____?
Verkäufer	Da vorne **12**_____ die Kasse.
Kunde	Auf **13**_____.

Grammatik

Dativ (1) – mit Präpositionen

Dativ nach *in* + *auf*, wenn man sagt:

Man bekommt das / Man kauft das ... / Er ist

(m)	(f)	(nt)
im Supermarkt	*in* **der** Bäckerei	**im** Kaufhaus
im Getränkeladen	*in* **der** Apotheke	**im** Fotogeschäft
(*im* = *in dem*)		(*im* = *in dem*)

Vorsicht!
Man bekommt das ... / Man kauft das ... / Er ist ...

auf **dem** Markt   *auf* **der** Bank

Plural
Man kann gut *in* **den** Kaufhäusern einkaufen.

Beantwortet die Frage: Wo?
Wo kann man das kaufen? → Im Supermarkt.
Wo ist er? → Auf der Bank.

1 Wo sind die Leute?

Lesen Sie, was die Personen sagen und entscheiden Sie, wo sie sind.

a „Ich brauche neue Batterien für meine Kamera."
   i Im Fotogeschäft; **ii** In der Apotheke.
b „Wie teuer ist denn der neue Plasmabildschirm von Sony?"
   i In der Buchhandlung; **ii** Im Elektroladen.
c „Dann nehme ich noch 1 Kilo Kartoffeln."
   i Auf dem Markt; **ii** Im Café.
d „Haben Sie das neue Parfüm von Chanel?"
   i In der Fleischerei; **ii** In der Drogerie.
e „Wo kann ich Pullover für Kinder finden?"
   i Im Kaufhaus; **ii** Im Fotogeschäft.
f „Oh, ich möchte gern eine Packung Aspirin."
   i In der Apotheke; **ii** Im Getränkemarkt.
g „Und dann möchte ich noch 10 Brötchen."
   i In der Fleischerei; **ii** In der Bäckerei.

2 Wo bekommt man das?

Beantworten Sie die Fragen.

a Wo kann ich Medikamente kaufen?
   In der Apotheke.
b Wo bekommt man T-Shirts?
   _____
c Wo kann ich Geld wechseln?
   _____
d Wo kann ich einen Regenschirm bekommen?
   _____
e Wo kann ich Würstchen kaufen?
   _____
f Wo kann ich eine Flasche Rotwein bekommen?
   _____
g Wo kann ich Obst kaufen?
   _____
h Wo kann ich einen Cappuccino trinken?
   _____

Mehr Vokabeln

Geschäfte	
Das Sportgeschäft:	Hier bekommt man Tennisschläger, Fußbälle etc.
Das Schuhgeschäft:	Hier kauft man Schuhe.
Das Fahrradgeschäft:	Hier bekommt man Fahrräder.
Die Weinhandlung:	Hier kann man guten Wein kaufen.
Der Bioladen:	Hier kann man ökologische Produkte kaufen, zum Beispiel ökologisches Gemüse.
Das Blumengeschäft:	Hier kann man zum Beispiel Rosen und Tulpen kaufen.

Abschnitt C

Übungen

I Tagesablauf

Was fehlt hier? Ergänzen Sie, bitte.

Feierabend – gern – E-Mails – Konzert – Dusche – wach – Büro – Salat – früh – stressig – auf – Brötchen – Honig – klassische Musik – Glas Tee – Kunden

a Mein Tagesablauf beginnt _____.

b Ich stehe um 7 Uhr _____.

c Ich brauche immer eine kalte _____.

d Dann werde ich _____.

e Normalerweise esse ich ein
_____ mit _____.

f Ich trinke immer ein _____.

g Ich bin so gegen 9 Uhr im _____.

h Dann schreibe und beantworte ich
_____.

i Außerdem spreche ich viel mit _____.

j Mittags esse ich meistens einen _____.

k Meistens habe ich so gegen 6 Uhr
_____.

l Mein Beruf ist interessant, aber manchmal auch
_____.

m Abends koche ich _____.

n Manchmal gehe ich auch mit meinem Mann ins
_____.

o Wir lieben _____.

2 Marcels Tagesablauf

Lesen Sie und beantworten Sie dann die Fragen.

8.30 Uhr Ich stehe auf, dusche und frühstücke. Morgens esse ich nicht viel. Meistens esse ich nur ein Brot mit Marmelade zum Frühstück und trinke einen Kaffee. Dann fahre ich mit dem Fahrrad zur Universität. **10.00 Uhr** Meine Seminare und Vorlesungen fangen meistens um 10 Uhr an. Ich habe jeden Tag Seminare und Vorlesungen, denn ich bin in meinem letzten Jahr. Ich finde mein Studium sehr interessant, manchmal ist es aber auch anstrengend. **13.00 Uhr** Ich gehe in die Mensa. Ich esse jeden Tag in der Mensa. Das Essen ist sehr gut und auch billig. Hier treffe ich andere Studenten. **14.00 Uhr** Ich bin wieder in einem Seminar oder in einer Vorlesung. In den Seminaren sind wir meistens 20 bis 30 Studenten. In den Vorlesungen gibt es oft mehr als 100 Studenten. **16.30 Uhr** Ich sitze meistens in der Bibliothek und lerne. Ich muss mich auf mein Examen vorbereiten. Ich studiere Jura und da muss man viel lernen.

20.00 Uhr Ich bin wieder zu Hause und koche etwas. Manchmal treffe ich noch Freunde und wir gehen aus. Im Moment habe ich aber nicht so viel Zeit, denn am Wochenende arbeite ich außerdem in einem Restaurant.

a Was macht Marcel vor dem Frühstück?

b Was isst Marcel zum Frühstück?

c Wann fangen seine Seminare an?

d Wie findet er sein Studium?

e Wo isst er zu Mittag?

f Was macht er um 14.00 Uhr?

g Wo ist er um 16.30 Uhr?

h Arbeitet er auch?

Grammatik

Akkusativ oder Dativ nach *in / auf*

1 Akkusativ nach:
Ich gehe ... / Kommst du mit ...

(m)	(f)	(nt)
in den Park	in die Kneipe	ins Büro
in den Supermarkt	in die Bibliothek	ins Café
	in die Stadt	ins Kino
in den Garten	auf die Post	ins Restaurant
auf den Markt		

Beantwortet die Frage: *Wohin?*

2 Dativ nach:
Ich bin / arbeite / studiere / esse / trinke / kaufe etwas etc.

(m)	(f)	(nt)
im Park	in der Kneipe	im Büro
im Supermarkt	in der Bibliothek	im Café
im Garten	in der Stadt	im Kino
auf dem Markt	auf der Post	im Restaurant

Beantwortet die Frage: *Wo?*

I Welche Frage (A) passt zu welcher Antwort (B)?

A

1 Wo arbeitet Carla?

2 Wohin geht Herr Ihßen gern?

3 Was wollen Gaby and Peter am Wochenende machen?

4 Wo ist Steffi?

5 Wohin geht Tim?

6 Wo kauft Anni meistens ein?

7 Wo ist Marcel?

B

a Sie wollen ins Kino gehen.

b Er ist in der Bibliothek.

c Sie kauft im Supermarkt ein.

d Er geht gern ins Fitnesscenter.

e Sie arbeitet im Café *Bio-Keks*.

f Er geht ins Büro.

g Sie ist im Büro.

2 Akkusativ oder Dativ?

Sind die unterstrichenen Wörter im Akkusativ oder Dativ?

a

i Gehen wir heute <u>ins Kino</u>? (*Akkusativ*)

ii Es gibt einen neuen französischen Film <u>im Kino</u>. (*Dativ*)

b

i Er trinkt ein Bier <u>in der Kneipe</u>. (_____)

ii Er geht sehr gern <u>in die Kneipe</u>. (_____)

c

i Sie arbeitet jeden Tag <u>im Büro</u>. (_____)

ii Wann gehst du <u>ins Büro</u>? (_____)

d

i Annett kauft meistens <u>im Bioladen</u> ein. (_____)

ii Ich gehe noch schnell <u>in den Bioladen</u> und hole Milch. (_____)

e

i Kommst du mit <u>in die Disco</u>? (_____)

ii Ja, <u>in der Disco</u> kann man super tanzen. (_____)

f

i Claudio sitzt jeden Tag <u>in der Bibliothek</u>. (_____)

ii Er geht jeden Tag <u>in die Bibliothek</u>. (_____)

g

i Kommst du mit <u>in den Park</u>? (_____)

ii Ja, <u>im Park</u> kann ich gut joggen. (_____)

3 Wie heißt es richtig?

Ergänzen Sie.

> in die – in die – ins – ins – ins – ins – ins – im
> im – im – im – in den – in den – in der

Sabrina steht um 8 Uhr auf und geht dann
1_____ Büro. Um kurz nach neun ist sie
2_____ Büro und beantwortet ihre E-Mails.
Mittags geht sie oft **3**_____ Park und isst ein
Baguette. Nach Feierabend geht Sabrina gern
4_____ Café, trinkt einen Cappuccino und
liest Zeitung.

Meistens kauft sie **5**_____ Bioladen ein. Sie
geht nicht gern **6**_____ Supermarkt.
Abends geht sie gern mit Freunden **7**_____
Kino oder **8**_____ Kneipe.
Sabrina isst auch gern **9**_____ Restaurant,
aber das ist oft zu teuer.

Am Samstagmorgen geht sie meistens
10_____ Fitnesscenter. Am Abend geht sie
manchmal **11**_____ Disco. Sie liebt Salsa und
manchmal tanzt sie bis um vier Uhr **12**_____
Disco. Dann geht sie sehr spät **13**_____ Bett.
Am Sonntag bleibt sie dann sehr lange
14_____ Bett.

Mehr Vokabeln

> ### **Tagesablauf**
>
> **Wo arbeiten die Leute? Und was machen sie?**
>
> | *Ich arbeite ...* | *Ich ...* |
> | --- | --- |
> | in einer Bank. | berate Kunden. |
> | in einer PR-Agentur. | schreibe Texte. |
> | in einer Fabrik. | stelle Fernseher etc. her. |
> | in einer Autowerkstatt. | repariere Autos. |
> | in einer Schule. | unterrichte Kinder. |
> | im Kaufhaus. | verkaufe Kleidung, Parfüm etc. |
> | im Krankenhaus. | helfe Patienten. |
> | im Restaurant. | bediene Kunden. |

Abschnitt D

Übungen

 Was ist das?

Ordnen Sie zu.

> das Auto – die U-Bahn – das Motorrad –
> das Fahrrad – das Flugzeug – der Bus –
> die Straßenbahn – der Zug

(a) _____ (b) _____ (c) _____ (d) _____

(e) _____ (f) _____ (g) _____ (h) _____

2 Was passt am besten?

Verbinden Sie Satz A mit Satz B.

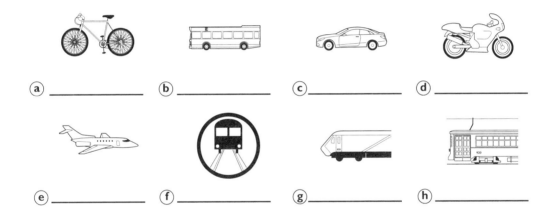

A
1 Die Schule ist nicht weit.
2 Sie fährt mit dem Fahrrad.
3 Ich fahre mit dem Bus.
4 Ich fahre mit dem Auto.
5 Ich habe eine Monatskarte.
6 Sie fährt mit dem Zug.
7 Er fliegt zweimal die Woche nach Paris.
8 Sie fährt meistens mit der U-Bahn.

B
a Die Fahrt kostet dann weniger.
b Von der Haltestelle bis zum Büro ist es nicht weit.
c Die Station ist direkt neben der Uni.
d Er kann zu Fuß gehen.
e Er kann im Flugzeug arbeiten.
f Das ist gut für die Umwelt.
g Sie wohnt in der Nähe vom Bahnhof.
h Die Fahrt mit dem Bus dauert zu lange.

3 Puzzle – Thema: Verkehr

Wie viele Wörter finden Sie? Wir haben 24 Wörter gefunden. Vielleicht finden Sie noch mehr.

M	F	A	H	R	S	C	H	E	I	N
O	L	U	M	S	T	E	I	G	E	N
N	U	M	W	E	L	T	E	U	E	R
A	G	V	A	F	A	H	R	R	A	D
T	E	E	B	U	S	M	O	F	A	U
S	T	R	A	SS*	E	N	B	A	H	N
K	A	K	A	W	E	I	T	H	Z	I
A	X	E	U	D	A	U	E	R	N	M
R	I	H	T	I	C	K	E	T	O	Z
T	I	R	O	P	A	R	K	E	N	U
E	V	E	R	B	I	N	D	U	N	G

*STRASSENBAHN, aber Straßenbahn

Grammatik

Dativ (2) mit Präpositionen
Dativ-Endungen immer nach *mit, von, zu*:

1 Ich fahre mit dem Bus. (m)
    mit der U-Bahn. (f)
    mit dem Auto. (nt)

2 Er fährt zum Bahnhof. (zu dem = zum) (m)
    zur Universität. (zu der = zur) (f)
    zum Stadion. (zu dem = zum) (nt)

3 Ich fahre vom Bahnhof zum Stadion. (von dem = vom) (m)
    von der Universität nach Hause. (f)
    vom Stadion zur Universität. (von dem = vom) (nt)

> **Achtung! Endungen im Dativ:**
> der → -(e)m
> die → -(e)r
> das → -(e)m
> Plural → den
>
> Mehr über Pluralformen und den Dativ in Lektion 9, Seite 83.

I Wie heißt es richtig?

Ergänzen Sie.

Tipp: Sehen Sie Übung 1, Seite 66, für das Geschlecht der Nomen.

a Er fährt gern mit *dem* Bus.
b Maria fährt jeden Tag mit _____ Fahrrad.
c Fährst du mit _____ U-Bahn?
d Ich fahre mit _____ Zug nach Berlin.
e Er fliegt oft mit _____ Flugzeug.
f Mit _____ Auto dauert die Fahrt nur 20 Minuten.
g Mit _____ neuen Motorrad kann er sehr schnell fahren.
h Sie fährt meistens mit _____ Straßenbahn zur Arbeit.

2 Wohin fahren die Buslinien?

Schreiben Sie und sprechen Sie dann.

Tipp: Bahnhof (m), Flughafen (m), Stadtpark (m), Michaelis-Kirche (f), Universität (f), Schule (f), Museum (nt), Hotel (nt), Stadion (nt).

Beispiel
Linie 3: Bahnhof – Flughafen. →
Die Linie 3 fährt vom Bahnhof zum Flughafen.

a Linie 12: Universität – Bahnhof.
    Die Linie 12 fährt von der Universität zum Bahnhof.

b Linie 18: Michaelis-Kirche – Stadtpark.

_____

c Linie 6: Stadtpark – Museum.

_____

d Linie 112: Hotel Interconti – Stadion.

_____

e Linie 24: Bismarck-Schule – Universität.

_____

f Linie 12: Flughafen – Stadtpark.

_____

g Linie 7: Museum – Michaelis-Kirche.

_____

h Linie 3: Universität – Flughafen.

_____

3 Wie fahren die Leute zur Uni und zur Arbeit?

Ergänzen Sie.

> zum – zum – mit dem – mit dem – mit dem
> – zur – zur – zur – mit der – mit der – Von
> der – von der

a Ich arbeite im Museum und fahre meistens
1_____ _____ Auto **2**_____ Museum. Ich kann
da gut parken. Ich fahre etwa 20 Minuten.

b Ich fahre meistens **3**_____ _____ U-Bahn
4_____ Arbeit. Ich muss einmal umsteigen. Die
Fahrt dauert etwa 30 Minuten. **5**_____ _____
U-Bahnstation bis **6**_____ Büro brauche ich
nur 10 Minuten. Ich habe eine Monatskarte. Sie
kostet € 70.

c Ich kann zu Fuß **7**_____ Arbeit gehen. Das ist
natürlich fantastisch. Ich brauche nur 15
Minuten. Ich habe auch ein Motorrad – eine
alte Honda. Am Wochenende fahre ich sehr
gern **8**_____ _____ Motorrad zu meinen
Eltern.

d Ich fahre fast jeden Tag **9**_____ _____ Fahrrad
10_____ Universität. Im Winter fahre ich
manchmal **11**_____ _____ Straßenbahn. Ich

brauche ungefähr 20 Minuten **12**_____ _____
Uni bis nach Hause.

4 Und jetzt Sie!

Wie fahren Sie zur Arbeit oder zur
Universität? Wie lange dauert die Fahrt?
Müssen Sie umsteigen? Wie finden Sie die
Fahrt? Schreiben Sie ein paar Sätze wie in
Übung 3.

_____

_____

_____

_____

_____

_____

Mehr Vokabeln

> **Verkehrsmittel**
>
> der Wagen (-) / das Auto (-s)
> das Elektroauto (-s)
> der Geländewagen (-) (ein Landrover, etc.)
> das Taxi (-s) / (Taxen)
> das Schiff (-e)
> das Boot (-e)
> das U-Boot (-e)
>
>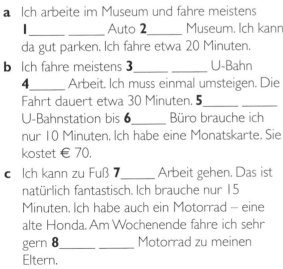
>
> der Hubschrauber (-)   die Rakete (-n)

Und zum Schluss

 1 Lesen

Lesen Sie den Text und beantworten Sie die
Fragen.

 Airport Nürnberg

EINFACH ABHEBEN.

Anreise
Mit U-Bahn oder Bus zum oder vom Airport Nürnberg

Die U-Bahn-Linie U2 verbindet den Hauptbahnhof Nürnberg direkt mit dem Flughafen und so mit der gesamten Nürnberger Innenstadt.

Die Fahrtzeit vom Hauptbahnhof zum Flughafen beträgt 12 Min.

Nur 25 Minuten dauert die Fahrt zum Messegelände: Steigen Sie bitte am Hauptbahnhof von der U2 in die U1 Richtung Langwasser um!

Darüber hinaus ist der Airport auch über das **Busnetz** der Stadt Nürnberg gut zu erreichen. Mit der **Buslinie 32** (ab Endhaltestelle Thon) sowie der **Buslinie 33** (ab Nürnberg-Buch) gelangen Sie alle 10 Minuten zum Flughafen.

Nehmen Sie doch ein Taxi

Rund um die Uhr stehen am Flughafen Nürnberg Taxen für Sie bereit.

Fahrtkosten
Airport – Nürnberg City: (15 Min.) ca. €16
Airport – Nürnberg Hauptbahnhof: (15 Min.) ca. €16

Deutsche Bahn

Sie möchten ganz entspannt anreisen ohne Stress und Stau? Dann fahren Sie mit der Bahn!

Vom Hauptbahnhof erreichen Sie den Flughafen schnell und bequem ohne Umsteigen mit der U-Bahn-Linie U2 in nur 12 Minuten.

Sleep & Fly

Wenn Sie eine längere Anreise haben, dann nutzen Sie unser Park, Sleep and Fly Angebot

Und so funktioniert's:

Sie parken Ihr Auto am Airport Nürnberg und checken das Gepäck schon am Vorabend ein. Dabei erhalten Sie gleich Ihre Bordkarte. Die Nacht verbringen Sie ganz entspannt in einem namhaften Nürnberger Hotel.

Source: http://www.airport-nuernberg.de/urlauber/anreise/

Richtig oder falsch? Korrigieren Sie die falschen Aussagen.

a Vom Nürnberger Stadtzentrum kann man mit der U-Bahn-Linie 2 zum Flughafen fahren.

b Die Fahrt mit der U-Bahn vom Hauptbahnhof zum Flughafen dauert nur 25 Minuten.

c Man kann auch mit dem Bus von Nürnberg zum Flughafen fahren.

d Busse fahren alle 15 Minuten zum Flughafen.

e Vom Hauptbahnhof bis zum Flughafen bezahlt man circa 18 Euro für eine Taxifahrt.

> **Vokabeln**
>
> | die Messe | trade show, fair |
> | entspannt | relaxed |

f Man kann am Abend vor dem Flug mit dem Auto zum Flughafen fahren und dort in einem Hotel übernachten.

g Man kann auch am Abend vor dem Flug einchecken und die Bordkarte bekommen.

Und zum Schluss

 2 Sprechen

Ein Interview. Was sagen Sie?

a Wann stehen Sie normalerweise auf?

b Was essen und trinken Sie meistens zum Frühstück?

c Wann verlassen Sie das Haus?

d Wie fahren Sie zur Arbeit / zur Universität?

e Wie lange dauert die Fahrt?

f Müssen Sie umsteigen?

g Wie sind die Verkehrsverbindungen in Ihrer Stadt?

h Wann fängt Ihre Arbeit / Ihr Studium an?

i Was machen Sie meistens am Vormittag?

j Wo essen Sie meistens zu Mittag und was essen Sie?

k Was machen Sie am Nachmittag?

l Wann haben Sie Feierabend? / Wann ist Ihre Uni zu Ende?

m Wohin gehen Sie dann? Was machen Sie?

n Kaufen Sie in der Woche oder meistens am Wochenende ein?

o Wo kaufen Sie meistens ein?

p Gehen Sie gern shoppen?

q Was kaufen Sie gern? Was kaufen Sie nicht gern?

r Was machen Sie normalerweise am Wochenende?

s Wohin gehen Sie gern?

8 | Was haben Sie gemacht?

Abschnitt A

Übungen

1 Was hat Nico gestern gemacht?

Ergänzen Sie.

> ~~geduscht~~ – gespielt – gesurft – gefrühstückt
> – telefoniert – gearbeitet – gekocht –
> gekauft

a Um 7.30 Uhr hat Nico *geduscht.*

b Danach hat er schnell _____.

c Von 8 Uhr bis 17 Uhr hat er _____.

d Um 17.30 Uhr hat er ein paar Flaschen Wein _____.

e Danach hat er mit Freunden Basketball _____.

f Am Abend hat er Reis mit Gemüse _____.

g Anschließend hat er mit seinen Eltern _____.

h Um 22 Uhr hat er im Internet _____.

2 Verbformen

Ergänzen Sie.

Infinitiv	Partizip II (Past participle)
a duschen	*geduscht*
b _____	*gefrühstückt*
c arbeiten	_____
d kaufen	_____
e _____	*gespielt*

f kochen _____

g _____ *telefoniert*

h _____ *gesurft*

3 Wo haben die Leute das gemacht?

Ticken Sie.

	Fußball gespielt	eingekauft	gearbeitet	ein Konzert gehört
im Park	✓			
auf dem Markt				
im Kranken- haus				
im Garten				
zu Hause				

Grammatik

> **Perfekt – Reguläre Verben**
>
> **Bildung:** *haben* + Partizip II (*ge* + *Verbstamm* + *t*):
> Ich habe gespielt.
> Sie hat einen neuen Computer gekauft.
>
> **Achtung!**
> 1 Kein *ge* für: bezahlen → bezahlt
> verdienen → verdient
> fotografieren → fotografiert
> 2 Trennbare Verben:
> einkaufen → eingekauft
> 3 Verbstamm endet mit *t* oder *d*: gearbeitet, geredet

1 Mehr reguläre Verben

Bilden Sie das Partizip II (*past participle*). Sie können alle Verben in den Vokabel-Checklisten in *Willkommen!* (Lektionen 1–8) finden.

Beispiel
arbeiten → gearbeitet

regulär	kein ge / trennbar
arbeiten → _____	besorgen → _____
brauchen → _____	bestellen → _____
dauern → _____	besuchen → _____
duschen → _____	erledigen → _____
haben → _____	verdienen → _____
hassen → _____	
kaufen → _____	buchstabieren → _____
kosten → _____	fotografieren → _____
leben → _____	studieren → _____
lernen → _____	telefonieren → _____
lieben → _____	
machen → _____	
reden → _____	abholen → _____
sagen → _____	einkaufen → _____
schmecken → _____	vorbereiten → _____
suchen → _____	
tanzen → _____	
wohnen → _____	

Wissen Sie noch, was die Wörter bedeuten? Sie sind alle im Glossar, Seiten 144–154.

2 Wie heißt es richtig?

Ergänzen Sie.

a Die Fahrt hat 2 Stunden *gedauert*. (dauern)

b Er hat zwei Jahre in Afrika _____. (leben)

c Was haben Sie gestern _____? (machen)

d Hat Marion wieder so viel _____? (reden)

e Was hast du _____? (sagen)

f Die Pizza hat gut _____. (schmecken)

g Hast du noch ein Bier _____? (bestellen)

h Aishe hat Geographie _____. (studieren)

i Am Wochenende hat er seine Freundin _____. (besuchen)

j Du hast aber viel _____. (einkaufen)

k Hast du schon das Paket _____? (abholen)

3 Was haben Sie gemacht?

Antworten Sie.

a Wann haben Sie heute gefrühstückt? → (um 8 Uhr)
Ich habe heute um 8 Uhr gefrühstückt.

b Wann haben Sie gearbeitet? → (von 9 bis 17.00 Uhr)
Ich habe
_____

c Wann haben Sie Mittagspause gehabt? → (um 13 Uhr)
Ich
_____

d Haben Sie etwas gekauft? → (ein Paar Joggingschuhe)
Ja, ich
_____

e Haben Sie telefoniert? → (mit meiner Schwester)
Ja, ich
_____

f Haben Sie etwas gekocht? → (Hähnchen mit Reis)
Ja, ich
_____

g Was haben Sie am Abend gemacht? → (Freunde besucht)
Am Abend habe
_____

Mehr Vokabeln

Mehr Verben im Perfekt – Internet

Ich habe ...   im Internet gesurft.
im Internet gechattet.
eine SMS geschickt.
gesimst.

Abschnitt B

Übungen

1 Was kann man alles auf dem Flohmarkt kaufen?

H	E	U	N	T	E	R	H	E	M	D	T
T	A	S	S	E	M	A	N	T	E	L	A
C	D	B	I	L	D	V	D	U	P	O	W
S	O	N	N	E	N	B	R	I	L	L	E
F	O	T	O	F	I	U	H	R	A	A	C
R	A	D	I	O	T	C	H	U	T	M	K
I	K	Ä	N	N	C	H	E	N	T	P	E
B	A	N	Z	U	G	F	A	H	E	E	R

i

Finden Sie die Wörter im Puzzle. Wir haben 20 Wörter gefunden. Vielleicht finden Sie noch mehr?

ii

Heißt es *der, die* oder *das*? Finden Sie den richtigen Artikel. Zum Beispiel: das Radio; das Telefon.

2 Was passt am besten?

Verbinden Sie Satz A mit Satz B.

A

1 Er kann schlecht aufstehen.
2 Er mag Musik aus den 90er-Jahren.
3 Er friert oft im Winter.
4 Er trinkt gern Wein.
5 Sie liest gern englische Krimis.
6 Ihr Handy ist kaputt.
7 Sie fährt nach Paris.
8 Sie findet chinesische Medizin interessant.

B

a Sie sucht einen guten Reiseführer.
b Sie sucht einen Roman von Agatha Christie.
c Er braucht einen lauten Wecker.
d Er sucht alte CDs.
e Er braucht eine warme Jacke.
f Sie sucht ein gutes Buch über Akupunktur.
g Er sucht schöne Weingläser.
h Sie sucht eine neue SIM-Karte.

Grammatik

Adjektive – Endungen

1 Adjektive *nach* einem Nomen haben keine Endung:
Die Arbeit ist *interessant*.
Der Computer ist *neu*.

2 Adjektive *vor* einem Nomen haben Endungen:

Zum Beispiel: *Akkusativ* mit *einen, eine, ein* →

Petra hat einen *neuen* Computer. *(m)*
Er hat eine *interessante* Arbeit. *(f)*
Sie trinkt ein *kaltes* Bier. *(nt)*
Sie haben *nette* Eltern. *(pl)*

| Wie heißt das Gegenteil?

a klein – gr _ _
b alt – _ eu
c interessant – lang _ _ _ _ _ _
d schwer – l _ _ cht
e arm – re _ _ h
f gut – _ _ _lecht
g billig – t _ _ _ _
h schnell – langs _ _
i kalt – w _ _ _
j früh – sp _ t
k hässlich – schö _
l leise – l _ _ t
m modisch – _ _ _ modisch

2 Adjektivendungen

Ergänzen Sie.

a Die Arbeit von Frau Mehrlitz ist interessant.
Sie hat eine interessant__ Arbeit.

b Der Anzug von Peter ist sehr modisch.
Er hat einen sehr modisch__ Anzug.

c Der Partner von Sabine ist langweilig.
Sabine hat einen langweilig__ Partner.

d Der Laptop von Carsten ist neu.
Er hat einen neu__ Laptop.

e Das Wochenende von Gabriella war schön.
Sie hat ein schön__ Wochenende gehabt.

f Das Handy von Ulrich war billig.
Er hat ein billig__ Handy gekauft.

g Die Ferien waren gut.
Sie haben gut__ Ferien gehabt.

h Die Joggingschuhe von Caroline sind modisch.
Sie hat modisch__ Joggingschuhe.

Mehr Vokabeln

Sachen auf dem Flohmarkt

die Vase (-n)
die Lederjacke (-n)
das Comicheft (-e)
die 70er-Jahre-Lampe (-n)
das Radio (-s)

Abschnitt C

Übungen

| Der Text von Peter Wichtigs Single
Ich kann dich nicht vergessen – was fehlt?

Ergänzen Sie und hören Sie dann den Song auf der *Willkommen*-CD (CD2 Track 12).

verrückt – du – Hund – gesund – Essen – zurück – weine

Ich kann dich nicht vergessen,
was immer ich auch tu.
Beim Schlafen und beim **1**_____
ich frag' mich, wo bist **2**_____?

Ich kann dich nicht vergessen,
besonders nach dem zweiten Bier.
Ich kann dich nicht vergessen,
oh komm zurück zu mir.

Ich fühl' mich so alleine,
ich fühl' mich nicht **3**_____.
Oh Baby und ich **4**_____,
wie ein armer **5**_____.

Ich kann dich nicht vergessen,
das macht mich noch **6**_____.
Ich kann dich nicht vergessen,
oh Baby, komm **7**_____.

Neue Vokabeln	
verrückt	*crazy*
gesund	*healthy, well*
weinen	*to cry*
zurück	*back*

2 Was passt zusammen?

A

1 einen Tee / Sekt
2 eine Zeitung / ein Buch
3 einen Freund / eine Freundin
4 im Büro / zu Hause
5 um acht Uhr / spät
6 aus dem Haus / in eine Kneipe
7 mit der U-Bahn / zur Arbeit
8 mit dem Flugzeug
9 einen Film / eine DVD
10 im Park

B

a aufgestanden
b gewesen
c getrunken
d gegangen
e gesehen
f geflogen
g gelesen
h spazieren gegangen
i gefahren
j getroffen

Grammatik

Perfekt – Irreguläre Verben

Bildung:

1 *haben* + Partizip II:
   Ich habe ein Buch gelesen.
   Ich habe Kaffee getrunken.

2 *sein* + Partizip II:
   Ich bin nach München gefahren.
   Ich bin mit Air Berlin geflogen.

Achtung! Partizip II (irreguläre Verben):

1 Fast alle Partizipien enden mit *en*: gelesen, gefahren etc.

2 Oft gibt es diese Vokalwechsel:

i → u	trinken → getrunken
ie → o	fliegen → geflogen
ei → ie	bleiben → geblieben
e → o	treffen → getroffen

Ⅰ Monika arbeitet in einer PR-Firma. Was hat sie gestern gemacht?

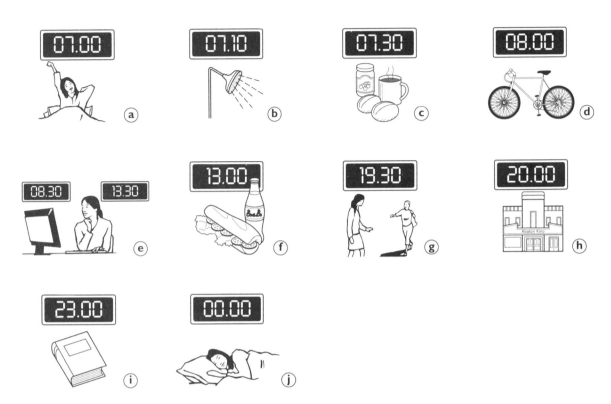

aufstehen – eine Freundin treffen – zu Mittag essen – ins Kino gehen – am Computer arbeiten – frühstücken – ein Buch lesen – duschen – ins Bett gehen – mit dem Fahrrad zur Arbeit fahren

a Um 7 Uhr *ist Monika aufgestanden.*

b Danach hat sie _____

_____

c Um halb acht hat _____

_____

d Dann _____

_____

e Von halb neun bis ein Uhr _____

_____

f Um ein Uhr _____

_____

g Um halb acht Uhr _____

_____

h Sie ist mit ihrer Freundin _____

_____

i Um 23.00 Uhr _____

_____

j Um Mitternacht _____

_____

2 Wichtige irreguläre Verben

Wie heißen die *Infinitiv-Formen* und die *Partizip-Formen*? Ergänzen Sie die Liste.

haben	sein
essen → gegessen	fahren → _____
_____ → gefunden	fliegen → _____
geben → _____	gehen → _____
heißen → _____	kommen → _____
lesen → _____	laufen → _____
sehen → _____	schwimmen → _____
schlafen → _____	bleiben → _____
schreiben → _____	sein → _____
singen → _____	aufstehen → _____
_____ → gesprochen	mitkommen → mitgekommen
treffen → _____	spazieren gehen → _____
trinken → _____	
bekommen → _____	
vergessen → vergessen	
_____ → verstanden	
anfangen → angefangen	
anrufen → _____	
fernsehen → _____	

3 Üben Sie Sätze im Perfekt

Ergänzen Sie.

a *Hast* du gestern das Fußballspiel *gesehen*? (sehen)

b Tina _____ heute sehr früh _____. (aufstehen)

c Robert _____ noch ein paar E-Mails _____. (schreiben)

d Wir _____ auf der Party Sekt _____. (trinken)

e Wir _____ in einem 3-Sterne-Restaurant. _____. (essen)

f Matthias _____ spät nach Hause _____. (kommen)

g Am Wochenende _____ ich ins Kino _____. (gehen)

h Nadine _____ heute 5 km _____. (laufen)

i Er _____ noch nie in Deutschland _____. (sein)

j Ich _____ gestern einen interessanten Artikel _____. (lesen)

k Oh, das _____ ich _____. (vergessen)

4 Und was haben Sie gestern gemacht?

Schreiben Sie und sprechen Sie dann.

Beispiel
Sie sind heute um sieben Uhr aufgestanden. →

Wenn das richtig ist, schreiben Sie:
Ja, heute bin ich um sieben Uhr aufgestanden.

Wenn das nicht richtig ist, schreiben Sie, was Sie gemacht haben:
Nein, heute bin ich erst um halb neun aufgestanden.

a Sie sind heute um sieben Uhr aufgestanden.

b Zum Frühstück haben Sie Toast gegessen.

c Sie haben eine Tasse Kaffee dazu getrunken.

d Sie sind um acht Uhr zwanzig aus dem Haus gegangen.

e Sie sind mit dem Bus zur Arbeit / ins College / zur Uni gefahren.

f Sie haben von neun bis halb eins gearbeitet.

g Sie haben um Viertel vor eins zu Mittag gegessen.

h Sie sind um fünf Uhr wieder nach Hause gegangen.

i Sie sind abends zu Hause geblieben.

j Sie haben zwei Stunden ferngesehen.

Abschnitt D

Übungen

1 Wann war das?

Finden Sie das richtige Jahr.

> **Neue Vokabeln**
>
> erfunden   invented
> entdeckt   discovered

> 1928 – ~~1835~~ – 2001 – 1973 – 1876 – Vor
> ungefähr 6000 Jahren – 1969 – 1886 – 1989

a _____ haben die Ägypter das Papier
erfunden.

b _____ hat Alexander Graham Bell das erste
Telefon erfunden.

c _____ hat Sir Tim Berners-Lee die Idee für
das „World Wide Web" gehabt.

d _____ hat Carl Benz das erste Auto
präsentiert.

e *1835* ist der erste Zug in Deutschland
gefahren.

f _____ ist der erste Mensch auf dem Mond
gelandet.

g _____ hat Alexander Fleming das Penizillin
entdeckt.

h _____ hat es das erste Handy gegeben.

i _____ hat Macintosh den ersten i-Pod
verkauft.

> **Tipp: Man sagt:**
>
> 1835 → achtzehnhundertfünfunddreißig
> 1969 → neunzehnhundertneunundsechzig
> 2001 → zweitausendundeins

2 Früher und heute

Schreiben Sie, wie es früher war und wie es
heute ist.

Beispiel
Heute haben viele Leute ein Auto. →
Früher haben nur wenige Leute ein Auto gehabt.

a Heute fliegen viele Leute mit dem Flugzeug.
Früher sind nur wenige Leute

_____

b Heute arbeiten viele Leute am Computer.
Früher haben nur wenige

_____

c Heute telefonieren viele Leute mit einem
Handy.
Früher _____

d Heute machen viele Leute ihren Urlaub im
Ausland.
Früher _____

e Heute schreiben viele Leute E-Mails an
Freunde.
Früher _____

f Heute gehen viele Leute ins Fitnesscenter.
Früher _____

g Heute sprechen viele Leute zwei oder mehr
Sprachen.
Früher _____

Können Sie andere Beispiele finden?

Grammatik

> ## Perfekt – Wortstellung (*word order*)
>
> **I Ein Hauptsatz (one main clause)**
> *Haben/sein* ist in Position 2 – das *Partizip II*
> ist am Ende.
>
> | (1) | (2) | | (Ende) |
> |---|---|---|---|
> | Ich | *habe* | ein Buch | *gekauft.* |
> | Dann | *bin* | ich ins Kino | *gegangen.* |
>
> **2 Hauptsatz (1) + *und* + Hauptsatz (2)**
>
> | | |
> |---|---|
> | Ich habe geduscht | *und* ich *habe* dann *gefrühstückt.* |
> | Ich habe eingekauft | *und* dann *habe* ich *gearbeitet.* |
>
> **Achtung!**
> Normalerweise gibt es *kein* Komma vor *und.*

I Wortstellung

Ordnen Sie die folgenden Sätze. Beginnen Sie
mit dem Wort, das unterstrichen ist.

Beispiel
sind / ins Konzert / <u>Wir</u> /gegangen →
Wir sind ins Konzert gegangen.

a eine E-Mail / <u>Peter</u> / hat / geschrieben

b ins Fitnesscenter / ist / sie / gegangen / <u>Um
17.00 Uhr</u>

c um 10 Uhr / <u>Ich</u> / habe / gehabt / ein Seminar

d habe / ich / <u>Dann</u> / in der Bibliothek gearbeitet/
mit meinem Laptop

e ist / heute / 40 Minuten / zur Arbeit gelaufen /
<u>Er</u>

f haben / Leute / gehabt / <u>Früher</u> / vielleicht
weniger Stress

g in München / <u>Vor zehn Jahren</u> / Maria /
gewohnt / hat

2 Verbinden Sie die zwei Sätze

Beispiel
Ich bin aufgestanden. Ich habe gefrühstückt. (*und
dann*) →
Ich bin aufgestanden *und dann* habe ich
gefrühstückt.

a Erst hat Peter eine E-Mail geschrieben. Er hat
telefoniert. (*und danach*)

b Sie haben sich um 6 Uhr getroffen. Sie haben
ein Musical gesehen. (*und um 8 Uhr*)

c Er hat bis 7 Uhr gearbeitet. Er ist ins
Fitnesscenter gegangen. (*und danach*)

d Ich bin mit dem Fahrrad zum Bahnhof gefahren.
Ich habe die U-Bahn genommen. (*und dann*)

e Ich bin zuerst nach Hamburg geflogen. Ich habe
Berlin besucht. (*und anschließend*)

f Ich habe am Abend noch ein Bier getrunken.
Ich habe sehr gut geschlafen. (*und später*)

Abschnitte C & D

Mehr Vokabeln

> ### Mehr Verben im Perfekt
>
> **I Regulär**
>
> | | | |
> |---|---|---|
> | entdecken | → entdeckt | Fleming hat das Penizillin entdeckt. |
>
> **2 Verben mit *sein***
>
> | | | |
> |---|---|---|
> | joggen | → gejoggt | Ich bin eine Stunde gejoggt. |
> | starten | → gestartet | Die Rakete ist gestartet. |
> | landen | → gelandet | Die Rakete ist gelandet. |

Und zum Schluss

 1 Sprechen

Ein Journalist von einem deutschen Fernsehsender interviewt Sie. Wenn Sie wollen, schreiben Sie zuerst die Antworten. Beantworten Sie dann die Fragen.

a Wann sind Sie heute aufgestanden?

b Was haben Sie zum Frühstück gegessen?

c Haben Sie Kaffee oder Tee getrunken?

d Wann sind Sie aus dem Haus gegangen?

e Sind Sie mit dem Bus oder der U-Bahn gefahren?

f Was haben Sie am Vormittag gemacht?

g Haben Sie zu Mittag in einem Restaurant gegessen?

h Was haben Sie getrunken?

i Was haben Sie am Nachmittag gemacht?

j Haben Sie gestern etwas gekauft?

k Haben Sie eine Zeitung gelesen?

l Haben Sie gestern ein bisschen Sport gemacht?

m Sind Sie gestern Abend ausgegangen oder sind Sie zu Hause geblieben?

n Haben Sie ferngesehen?

o Wenn ja, was haben Sie gesehen?

p Wann sind Sie ins Bett gegangen?

q Welche Musik haben Sie früher gehört? Welche Musik hören Sie jetzt gern?

r Was haben Sie früher gern in Ihrer Freizeit gemacht? Was machen Sie jetzt gern in Ihrer Freizeit?

 2 Lesen

i

Lesen Sie den Text auf der Seite 81 und beantworten Sie die Fragen.

a Was macht ein Berliner Arzt seit über 20 Jahren?

b Was hat er vor etwa drei Jahren gefunden?

c Was hat man 1945 mit dem Bild gemacht?

d Wie lange hat Amelie von Hoff das Bild restauriert?

e Wo hängt das Bild jetzt?

ii

Lesen Sie den Text noch einmal. Sind die Aussagen richtig oder falsch? Korrigieren Sie die falschen Aussagen.

a Meistens findet der Arzt interessante Bilder oder Grafiken auf dem Flohmarkt.

b Das Bild zeigt den Preußen-Prinz Wilhelm IV.

c Der Arzt hat viel Geld für das Bild bezahlt.

d Amelie von Hoff hat das Bild mit Hilfe von einem alten Foto restauriert.

Altes Bild auf dem Flohmarkt gefunden

Ruth und Naemi von Julius Hübner, 1831

Seit über 20 Jahren geht ein Berliner Arzt jedes Wochenende auf den Flohmarkt. Er sucht alte Bilder oder Grafiken. Meistens findet er nichts Besonderes, aber an einem Samstag vor etwa drei Jahren war das anders.

„Erst bin ich an dem Bild vorbeigegangen", sagt der Arzt. „Dann habe ich aber doch gesehen, dass es *Ruth und Naemi* von Julius Hübner war."

Der deutsche Künstler Julius Hübner (1806–1882) hat das Bild 1831 für den Preußen-Prinz Friedrich Wilhelm IV gemalt. Es zeigt zwei Frauen aus der Bibel, Ruth und Naemi.

Am Ende des Krieges 1945 hat man das Bild aus der Alten Nationalgalerie genommen und in einem Turm versteckt. Nach dem Krieg konnte man das Bild nicht mehr finden.

"Ich habe das Bild für ein paar Euro gekauft und der Alten Nationalgalerie gegeben", sagt der Arzt.

Amelie von Hoff hat es dann sechs Monate lang restauriert. "Das Bild war schmutzig und an vielen Stellen hat Farbe gefehlt", sagt die Restaurateurin. "Doch ich hatte ein altes Foto und habe genau gesehen, wie das Bild früher ausgesehen hat."

Der Chef des Museums, Bernhard Maaz, ist sehr glücklich, dass das Bild jetzt endlich wieder in der Alten Nationalgalerie hängt. Auf einer Pressekonferenz sagte Maaz, dass dem Museum seit 1945 noch hunderte von Bildern fehlen.

Mehr Informationen: http://www.smb.museum/smb/sammlungen/ details.php?objID=17

9 | Ich wohne lieber in der Stadt

Abschnitt A

Übungen

1 Wie heißen die Wörter?

Ergänzen Sie.

a Hier wohnen viele Studenten:
ein Studentenwohnheim.

b Hier wohnen Leute zusammen, teilen die Miete etc.:
eine W_hng_m_ _nsc_aft.

c Hier gibt es viele Etagen und viele Wohnungen:
ein _ _ _ _haus.

d Ein Haus, das zusammen mit anderen Häusern steht:
ein R_ _ he_h_ _ s.

e Ein Haus für zwei Familien:
ein Z _ _ _fam_ _ _ _ha_ _.

f Eine Wohnung, die zum Beispiel 100 Jahre alt ist:
eine Al_ b _ _w _ _ n _ _ _.

g Hier kann man wohnen, wenn man zum Beispiel eine andere Stadt besucht:
ein H_ t _l.

h Ein Haus für eine Familie:
ein E _ _f _ _ il_ _ _h _ _ _.

2 Welches Wort passt am besten?

> Zimmer – Wohngemeinschaft – Garten –
> Blick – Verkehrsverbindungen – Miete –
> 88 m^2 – Stadtzentrum

a Hier ist es sehr grün. Wir haben jetzt auch einen _____.

b Unsere Wohnung ist _____ groß.

c Ich wohne in einem Hochhaus und habe einen schönen _____ auf die Stadt.

d Früher haben wir im _____ gewohnt.

e Die _____ ist nicht so hoch – € 720 im Monat.

f Ich habe ein kleines _____ im Studentenwohnheim.

g Viele Studenten leben in einer _____.

h Ich lebe in der Nähe vom Bahnhof. Die _____ sind natürlich sehr gut.

Grammatik

Dativ

Dativ nach Artikeln + Possessivpronomen

	Ich fahre mit …	*Ich wohne in …*	*Wann fährst du zu …*
(m)	dem Bus.	einem Bungalow.	deinem Sohn?
(f)	der U-Bahn.	einer Wohnung.	deiner Tochter?
(nt)	dem Fahrrad.	einem Haus.	deinem Kind?

Plural: Es gibt Probleme mit den Zügen.
Er wohnt in den Bergen.
Wann fährst du zu deinen Kindern?

Achtung!

1 Im Plural:
Nomen + *n*: die Züge → mit den Zügen
Aber kein extra *n*, wenn der Plural mit *n* oder *s* endet:
die Studenten → mit den Studenten
die Büros → in den Büros

2 Nicht vergessen:
in dem → im; zu dem → zum; zu der → zur; von dem → vom

1 Dativ-Endungen

Ergänzen Sie.

i Singular

a Er fährt meistens mit dem Bus.

b Fährst du oft mit d____ U-Bahn?

c Familie Ott wohnt in ein____ Einfamilienhaus.

d Früher haben sie in ein____ Hochhaus gewohnt.

e Tim lebt in ein____ Studentenwohnheim.

f Er arbeitet am Wochenende in ein____ Café.

g Susi möchte in ein____ Altbauwohnung leben.

h Er lebt gern in sein____ neuen Wohnung.

i Maria wohnt mit ihr____ Schwester zusammen.

j Paul lebt mit sein____ Bruder.

ii Plural

a In den Zimmern im Studentenwohnheim gibt
es Computer.

b In d__ Seminare__ waren nicht so viele Leute.

c Kai will mit d__ anderen Studenten für das
Examen lernen.

d Sonntag fahre ich zu mein__ Eltern.

e In d__ Reihenhäuser__ wohnen viele Familien.

f Herr Pauly wohnt jetzt mit sein__ zwei
Töchter__ in München.

g Morgen fährt Martin zu sein__ Geschwister__
nach Schottland.

h Er hat am Samstag mit sein__ Freunde__ eine
große Party gemacht.

2

Beantworten Sie die Fragen.

a Wohnst du noch in deiner alten Wohnung? →
Ja, ich wohne noch in meiner alten Wohnung.

b Arbeitest du noch gern in deinem Garten? →
Ja, ich arbeite noch gern in meinem Garten.

c Fährst du meistens mit deinem Auto zur
Arbeit?

Ja, ich _____.

d Hast du gestern mit deiner Schwester
telefoniert?

Ja, ich habe _____.

e Bist du mit deinem Bruder in den Urlaub
gefahren?

Ja, ich _____.

f Fährst du am Wochenende noch oft zu deinen
Eltern?

Ja, ich _____.

g Gehst du noch oft mit deinen Freunden ins
Kino?

Ja, ich _____.

h Bist du gestern Abend mit deiner Freundin /
deinem Freund ins Theater gegangen?

Ja, ich _____.

Mehr Vokabeln

der Bungalow (-s)
die 1-Zimmer-Wohnung (-en)
die 3-Zimmer-Wohnung (-en)
die Neubauwohnung (-en)
das Penthouse (-s)
das Loft (-s)

Abschnitt B

Übungen

❚ Was kann man wo machen?

Verbinden Sie.

A	**B**
1 Wo kann man duschen?	**a** Im Keller.
2 Wo kocht man?	**b** Im Kinderzimmer.
3 Wo steht das Auto?	**c** Im Wohnzimmer.
4 Wo wohnen die Gäste?	**d** In der Garage.
5 Wo schlafen die Leute?	**e** Im Badezimmer.
6 Wo schlafen die Kinder?	**f** In der Küche.
7 Wo sieht man fern, etc.?	**g** Im Arbeitsraum.
8 Wo stehen die alten Sachen?	**h** Im Gästezimmer.
9 Wo kann man arbeiten?	**i** Im Schlafzimmer.

2 Welches Wort passt nicht?

a Die Wohnung ist: *groß, schön, ~~leicht~~, billig*

b Die Küche ist: *modern, schnell, alt, klein*

c Die Umgebung ist: *ruhig, grün, interessant, langsam*

d Das Zimmer ist: *hell, dunkel, spät, ruhig*

e Der Blick ist: *teuer, schön, wunderbar, gut*

f Der Garten ist: *grün, schwer, hell, groß*

g Die Möbel sind: *modern, altmodisch, kaputt, leise*

h Die Nebenkosten sind: *günstig, neu, teuer, hoch*

i Die Verkehrsverbindungen sind: *hell, schlecht, gut, super*

3 Puzzle – Thema: Wohnen

Finden Sie die Wörter im Puzzle. Wir haben 30 Wörter gefunden. Vielleicht finden Sie noch mehr?

P	I	W	O	H	N	H	E	I	M	B	A	D	O
A	K	O	S	T	A	U	B	S	A	U	G	E	R
K	Ü	H	L	S	C	H	R	A	N	K	H	L	E
I	C	N	Z	E	N	T	R	U	M	P	O	M	C
N	H	U	R	U	H	I	G	R	O	F	C	I	H
D	E	N	B	L	I	C	K	E	H	L	H	K	N
E	I	G	E	L	D	K	L	I	N	A	H	R	U
R	S	A	T	E	B	E	O	H	M	N	A	O	N
Z	E	N	T	R	A	L	H	E	I	Z	U	N	G
I	S	T	I	E	L	L	H	N	E	E	S	E	A
M	S	S	S	G	K	E	E	H	T	H	E	L	R
M	E	O	C	A	O	R	L	A	E	W	E	I	T
E	L	F	H	L	N	F	L	U	R	D	L	E	E
R	I	A	R	B	E	I	T	S	R	A	U	M	N

Grammatik

Das Geschlecht

Tipp – 16 typische Endungen bei Nomen:

männlich	weiblich	sächlich
-*er* Computer	-*e* Lampe	-*chen* Mädchen
-*ig* Honig	-*ei* Bäckerei	-*ment* Instrument
-*mus* Materialismus	-*ik* Musik	-*o* Auto
-*en* Laden	-*ion* Lektion	-*um* Zentrum
	-*schaft* Mannschaft	
	-*tät* Universität	
	-*ung* Wohnung	
	-*ur* Natur	

Achtung! Es gibt Ausnahmen:
Zum Beispiel: das Zimmer; die Nummer; der Name; der Käse;
das Stadion; der Moment; der Cappuccino

I Wie heißen die Endungen?

Ergänzen Sie.

a die Fleischer_ _   – die Bäcker_ _

b das Muse_ _   – das Studi_ _

c die Vorles_ _ _   – die Zeit_ _ _

d der Kell_ _   – der Comput_ _

e das Aut_   – das Kin_

f die Mann_ _ _ _ _ _   – die Wohngemein_ _ _ _ _

g die Informat_ _ _   – die Lekt_ _ _

h die Flasch_   – die Frag_

i der Hon_ _   – der Kön_ _

j das Mäd_ _ _ _   – das Bröt_ _ _ _

2 Männlich, weiblich oder sächlich?

Ordnen Sie bitte zu.

Instrument – Umgebung – Museum – Idealismus – Vorlesung – Studio – Waschmaschine – Hautcreme – ~~Fernseher~~ – Miete – Wagen – Würstchen – Küche – Vergangenheit – Tennisschläger – Minute – Teller – Medikament – Keller – König – Pflanze – Foto – Kleidung – Büro – Prüfung – Fleischerei – Zeitung – Kultur – Wohngemeinschaft – Touristeninformation – DVD-Rekorder – Kino – ~~Brötchen~~ – Studium

a männlich: *Fernseher,* _____

_____

b weiblich *Waschmaschine,* _____

_____

c sächlich *Brötchen,* _____

_____

3 Der, die oder *das?*

Wie heißt der richtige Artikel?

a _____ Stadtzentrum ist sehr schön.
b Wohin kommt ___ Computer?
c ___ Auto ist in der Garage.
d Was kostet _____ Miete?
e Wo ist _____ Museum?
f _____ Prüfung ist morgen, nicht heute!
g _____ Büro ist im dritten Stock.
h Wo ist ___ Zeitung?

Mehr Vokabeln

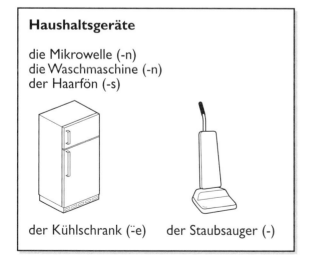

Haushaltsgeräte

die Mikrowelle (-n)
die Waschmaschine (-n)
der Haarfön (-s)

der Kühlschrank (¨e)   der Staubsauger (-)

Abschnitt C

Übungen

I Stadt oder Land?

Ordnen Sie zu.

> ~~Die Luft ist gut.~~ – Es ist multikulturell. – Man kann gut einkaufen. – Das kulturelle Angebot ist nicht so gut. – Die Leute haben Zeit und sind nicht so gestresst. – Das Nachtleben ist fantastisch. – Die Verkehrsverbindungen sind nicht so gut. – Es ist grün und es gibt viel Natur. – Es ist laut. – Es gibt wenig Stress. – Es gibt viele Museen und Kinos. – Es ist schmutzig. – Es ist ein bisschen langweilig. – Es ist sehr hektisch.

A Stadt   **B Land**

_____   *Die Luft ist gut.*

_____   _____

_____   _____

_____   _____

_____   _____

_____   _____

_____   _____

_____   _____

2 Wohnen Sie lieber auf dem Land oder in der Stadt?

Ergänzen Sie.

> kulturelle – stressig – Kunst – studiert – in – Leben – bin – besser – auf – gehabt – gelebt – machen – wieder – dem – Leute – gern – gearbeitet

a Ich lebe gern **1**_____ der Stadt. Man kann hier so viel **2**_____. Das **3**_____ Angebot ist einfach fantastisch. Ich liebe moderne **4**_____ und gehe oft ins Museum. Auf **5**_____ Land finde ich es zu langweilig. Das **6**_____ in der Stadt ist einfach interessanter.

b Ich habe früher in der Stadt **1**_____, aber ich **2**_____ vor drei Jahren aufs Land gezogen. Das Leben auf dem Land ist viel ruhiger und die **3**_____ sind viel freundlicher. Es ist sehr grün hier und die Luft ist viel **4**_____ als in der Stadt. Ich lebe **5**_____ hier.

c Ich habe als Kind **1**_____ dem Land gelebt. Das war toll. Wir haben Hunde und Pferde **2**_____. Später habe ich Informatik in Chicago **3**_____ und dann mehrere Jahre in New York gelebt und dort auch **4**_____. Jetzt lebe ich **5**_____ auf dem Land. Es ist ruhig hier und nicht so **6**_____.

Grammatik

Der Komparativ

Formation: Adjektiv + er

schnell	→ schnell**er**
interessant	→ interessant**er**

Adjektive mit einer Silbe (syllable) haben meist einen Umlaut:

alt → älter
groß → größer
jung → jünger

Achtung!

1	Kein Umlaut:	bunt → bunter
2	Vorsicht:	dunkel → dunkler
		hoch → höher
		teuer → teurer
3	Irreguläre Formen:	gut → besser
		viel → mehr
		gern → lieber

1 Wie heißt die Komparativ?

a alt → *älter*

b altmodisch → _____

c arm → _____

d billig → _____

e bunt → _____

f früh → _____

g hässlich → _____

h hektisch → _____

i interessant → _____

j kalt → _____

k langweilig → _____

l langsam → _____

m laut → _____

n schlecht → _____

o schwer → _____

p stressig → _____

q warm → _____

r gut → _____

s dunkel → _____

t hoch → _____

u teuer → _____

2 Was stimmt hier nicht?

Benutzen Sie die Wörter in der Box.

> ~~laut~~ – schnell – teuer – schlecht –
> interessant – hektisch – groß – wenig

a In der Stadt ist es ruhiger als auf dem Land.
Nein, in der Stadt ist es lauter als auf dem Land.

b In der Stadt ist die Luft besser als auf dem Land.
Nein, in der Stadt _____.

c In der Stadt ist es langweiliger als auf dem Land.
Nein, _____.

d In der Stadt ist das Leben langsamer als auf dem Land.
Nein, _____.

e In der Stadt ist das kulturelle Angebot kleiner als auf dem Land.
Nein, _____.

f In der Stadt haben die Menschen mehr Zeit als auf dem Land.
Nein, _____.

g In der Stadt sind die Mieten meistens billiger als auf dem Land.
Nein, _____.

h In der Stadt ist das Leben entspannter als auf dem Land.
Nein, _____.

Mehr Vokabeln

> **Adjektive – Gegenteile**
>
> friedlich – aggressiv
> offen – verschlossen
> sauber – schmutzig
> entspannt – angespannt
>
> *die* multikulturelle *Gesellschaft* – in einer multikulturellen Gesellschaft gibt es Menschen unterschiedlicher Nationalitäten, Sprachen, Rassen, Religionen, etc.

Abschnitt D

Übungen

1 Welche Definition (B) passt zu welchem Wort (A)?

Verbinden Sie.

A		B	
1	das Einzelzimmer	**a**	dort meldet man sich an
2	das Doppelzimmer	**b**	dort kann man ein Meeting haben
3	die Rezeption	**c**	ein anderes Wort für Touristeninformation
4	die Innenstadt	**d**	dort kann man schlafen und auch kochen
5	das Appartement	**e**	dort kann man Sport treiben
6	der Tagungsraum	**f**	ein Zimmer für zwei Personen
7	die Tiefgarage	**g**	ein Zimmer für eine Person
8	der Fitnessbereich	**h**	ein anderes Wort für Zentrum
9	das Verkehrsamt	**i**	Taschen, Koffer etc.
10	das Gepäck	**j**	dort kann man sein Auto parken

2 Ferienwohnung in München

Melanie und Susi möchten eine Woche in München verbringen. Sie glauben, sie haben eine passende Wohnung gefunden.

Hier ist ihre Wunschliste:

1 Die Wohnung soll zwei Betten haben.
2 Sie möchten nicht im Wohnzimmer schlafen.
3 Sie möchten in der Stadtmitte wohnen.
4 Sie rauchen nicht.
5 Sie wollen nicht mehr als 250 Euro pro Person für eine Woche bezahlen.
6 Nach einem langen Tag in der Stadt möchten sie auf einem Balkon oder in einem Garten sitzen.
7 Eine Freundin möchte sie für eine Nacht besuchen.
8 Melanie und Susi wollen nicht kochen.
9 Sie möchten aber morgens Kaffee machen.

Schreiben Sie bitte die Nummern der verschiedenen Wünsche rechts neben die passenden Beschreibungen.

a	Neu renoviertes, modern und geschmackvoll möbliertes Appartement (ca. 28 m^2) mit Schlafzimmer, Wohnzimmer, Bad und Terrasse.	2, 6
b	Das Schlafzimmer hat direkten Zugang zum kleinen Garten mit eigener Terrasse und ist mit 2 Einzelbetten ausgestattet.	
c	Das Wohnzimmer bietet ein Sofa mit Schlaffunktion für eine weitere Person, TV, Stereoanlage, einen kleinen Tisch mit Stühlen und eine Ecke mit einem Kühlschrank, einer Mikrowelle und einer Kaffeemaschine.	
d	Leider gibt es keine Kochmöglichkeit!	
e	Dieses Zimmer ist ein Nichtraucherzimmer.	
f	Sehr zentrale Stadtlage.	
g	Zimmerpreis pro Woche bei 2 Personen insgesamt: 450,00 Euro.	

Grammatik

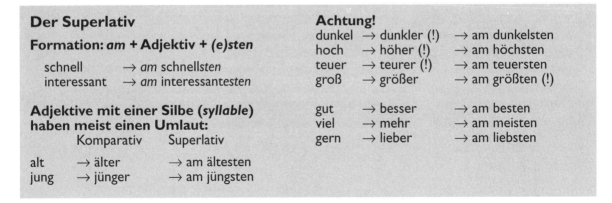

Der Superlativ

Formation: *am* + Adjektiv + *(e)sten*

    schnell   → *am* schnell**sten**
    interessant → *am* interessant**esten**

Adjektive mit einer Silbe (*syllable*) haben meist einen Umlaut:

           Komparativ   Superlativ
alt   → älter   → am ältesten
jung → jünger   → am jüngsten

Achtung!

dunkel	→ dunkler (!)	→ am dunkelsten
hoch	→ höher (!)	→ am höchsten
teuer	→ teurer (!)	→ am teuersten
groß	→ größer	→ am größten (!)
gut	→ besser	→ am besten
viel	→ mehr	→ am meisten
gern	→ lieber	→ am liebsten

1 Wie heißt es richtig?

Ergänzen Sie, bitte.

		Komparativ	**Superlativ**
a	*billig*	*billiger*	*am billigsten*
b	_____	wärmer	_____
c	kalt	_____	_____
d	lang	_____	_____
e	interessant	_____	_____
f	hektisch	_____	_____
g	hoch	_____	_____
h	teuer	_____	_____
i	friedlich	_____	_____
j	dunkel	_____	_____
k	_____	lieber	_____
l	gut	_____	_____

2 Rekorde

Bilden Sie den Komparativ and Superlativ.

Beispiel
hoch: das Matterhorn (4478 m), der
Kilimandscharo (5893 m), der Mount Everest
(8844 m) →
Der Kilimandscharo ist *höher* als das Matterhorn,
aber der Mount Everest ist *am höchsten.*

a *lang*: der Amazonas (6788 km), der Nil
(6671 km), der Rhein (1320 km)

b *alt*: Berlin (über 750 Jahre), Damaskus (über
6000 Jahre), Rom (über 3000 Jahre)

c *groß*: Deutschland (357 022 km^2), Kanada
(9,97 Mio km^2), Russland (17 Mio km^2)

d *schnell*: der Gepard (120 km), der Hase
(80 km), der Löwe (55 km)

e *teuer*: der BMW M6 (€113.000), der Ferrari
F430 (€156.000), der Maserati GranSport
(€109.000)

f *warm*: Berlin (28°C), Kairo (39°C), Neu Delhi
(45°C)

g *kalt*: Fairbanks, USA (4°C), Sukkertoppen,
Grönland (−2°C), Yellowknife, Kanada (−8°C)

h *billig*: der Opel Corsa (€10.500), der Toyota
Aygo (€9.300), der Volkswagen Fox (€8.950)

Mehr Vokabeln

Hotel

der Fitnessbereich (-e)
der Wellnessbereich (-e)
die Sauna (-s) / Saunen

ein Zimmer buchen → die Buchung (-en)
ein Zimmer reservieren → die Reservierung
(-en)

Und zum Schluss

 I Sprechen

Ein Interview. Was antworten Sie?

a Wo wohnen Sie? (in einem Haus, in einer
Wohnung, etc.)

b Wie viele Zimmer hat Ihre Wohnung / Ihr
Haus?

c Haben Sie ein Gästezimmer?

d Wie sind Ihr(e) Zimmer? (groß, klein, hell, ruhig
etc.) Beschreiben Sie Ihr(e) Zimmer.

e Haben Sie auch einen Garten? Wenn ja, ist Ihr
Garten groß?

f Wohnen Sie mit Ihrem Partner / Ihrer
Partnerin zusammen?

g Haben Sie moderne Möbel?

h Brauchen Sie noch ein paar Sachen für Ihre
Wohnung / Ihr Haus? (zum Beispiel: Regale
oder eine Mikrowelle?)

i Liegt Ihre Wohnung ruhig?

j Wie ist die Umgebung?

k Wie weit ist es bis zum nächsten Supermarkt?

l Wie lange brauchen Sie von Ihrer Wohnung in
die Stadt?

m Wie lange wohnen Sie schon in Ihrer Wohnung
/ Ihrem Haus?

n Leben Sie gern in Ihrer Wohnung / Ihrem Haus?

o Wohnen Sie lieber in der Stadt oder auf dem
Land? Warum?

p Was finden Sie ist besser in der Stadt?

q Was finden Sie ist besser auf dem Land?

 2 Lesen

Bevor Sie den Text lesen, machen Sie bitte erst Übungi.

i Vokabel-Hilfe

Wie heißen die Wörter auf Englisch? Ordnen Sie zu.

A		B	
I	das Telefongespräch	**a**	Value Added Tax (VAT)
2	die Bestätigung	**b**	minster, cathedral
3	am heutigen Tag	**c**	included
4	das Münster	**d**	hair-dryer
5	enthalten	**e**	confirmation
6	die Mehrwertsteuer (MwSt)	**f**	today
7	Haartrockner	**g**	to welcome
8	begrüßen	**h**	telephone call

ii

Lesen Sie jetzt den Text und beantworten Sie dann die Fragen auf der Seite 94. Keine Panik –
Sie brauchen nicht alles zu verstehen.

Altstadt Hotel Freiburg

**Herzlich willkommen im Altstadt Hotel,
Ihrem Hotel im Herzen der Altstadt von Freiburg.**

Freiburg, 26. Januar

Altstadt Hotel

HOTEL
RESTAURANT
WEINSTUBE

Buchungsbestätigung

Sehr geehrter Herr Coggle,

herzlichen Dank für das nette Telefongespräch am heutigen Tag und Ihre freundliche Reservierung. Gern
bestätigen wir Ihnen folgende Buchung in unserem Hotel am Münsterplatz:

Anreise: Dienstag, 14. April
Abreise: Freitag, 17. April

Anzahl Zimmer: 1 exclusives Doppelzimmer mit Blick auf das Freiburger Münster

Tagespreis pro Zimmer & Nacht: Euro 128,00

Im Preis enthalten ist unser Frühstücksbüffet, Service und die Mehrwertsteuer. Unsere Zimmer haben
alle Bad oder Dusche/WC, Haartrockner, Direktwahl-Telefon, Kabel-TV und einen Zimmersafe.

In den meisten Zimmern ist ein Internetzugang möglich. Es kann jedoch in unseren historischen
Gebäuden zur Instabilität der LAN-Verbindung kommen.

Sie sagten, dass Sie bereits gegen 13.00 Uhr anreisen werden. Da die Anreise erst ab 15.00 Uhr möglich
ist, können Sie gerne Ihr Gepäck an der Rezeption deponieren.

Wir würden uns freuen, Sie und Ihre Frau auch in unserem Restaurant begrüßen zu dürfen. Sonntags hat
das Restaurant leider geschlossen.

Wir wünschen Ihnen eine gute Anreise und freuen uns, Sie beide in unserem Hause begrüßen zu dürfen.

Mit freundlichen Grüßen aus Freiburg

ALTSTADT HOTEL

Barbara Grünfeld
Rezeption

Welche Aussage stimmt?

a Das Hotel liegt
i in der Nähe der Altstadt; **ii** direkt in der Mitte der Altstadt.

b Herr Coggle hat
i am 14. April; **ii** am 26. Januar mit der Rezeption telefoniert.

c Er hat
i für drei Nächte; **ii** für vier Nächte gebucht.

d Er hat
i ein Doppelzimmer; **ii** eine Suite gebucht.

e Das Zimmer kostet
i 128 Euro pro Nacht inklusive Frühstück; **ii** 128 Euro pro Nacht ohne Frühstück.

f Man hat
i in den meisten Zimmern; **ii** in einigen Zimmern
Zugang zum Internet.

g Man kann das Gepäck
i am Hauptbahnhof aufgeben; **ii** an der Rezeption lassen.

h Das Hotel hat
i auch ein Restaurant; **ii** leider kein Restaurant.

10 | Ist Mode wichtig für Sie?

Abschnitt A

Übungen

1 Welches Wort passt am besten?

> Modeverkäuferin – Leute – Typ – Ausdruck –
> Secondhandshops – Sachen – Modetrends –
> Neues – Outfit

a Mode ist ein wichtiger _____ unserer Zeit.

b Immer soll man etwas _____ kaufen.

c Ich kaufe viel in _____ ein.

d Ich bin ein sportlicher _____.

e Ein modernes _____ ist sehr wichtig für mich.

f Ich trage gern bequeme _____.

g Mode zeigt, was _____ denken und fühlen.

h _____ finde ich langweilig.

i Ich glaube, _____ ist ein interessanter Beruf.

2 Argumente pro (✓) oder contra Mode (✗)?

a Modetrends finde ich langweilig. (✗)

b Die Leute wollen gut und schick aussehen – das finde ich gut. (__)

c Ich kaufe gern neue Kleidung. (__)

d Mode finde ich uninteressant. Ich kaufe nur, was ich mag. (__)

e Die Modeindustrie ist sehr wichtig. Dort arbeiten viele Menschen. (__)

f Mode ist doch nur etwas für Leute mit viel Geld. (__)

g Meine Frau kauft immer neue Kleidung für mich. Mode und Shoppen mag ich nicht. (__)

h Mode finde ich super. Ich liebe den Stil von Jil Sanders. (__)

3 Sagen Sie es anders

Beispiel
Ich trage gern etwas Bequemes. →
Ich trage gern bequeme Sachen.

a Ich trage gern etwas Sportliches.
Ich trage gern _____ Sachen.

b Er trägt gern etwas Schwarzes.
Er trägt gern _____.

c Ich trage nie etwas Langweiliges.
Ich trage nie _____.

d Ich trage gern etwas Modisches.
_____

e Ich trage gern etwas Elegantes.
_____

f Ich trage nie etwas Buntes.
_____

g Er trägt gern etwas Individuelles.
_____

Grammatik

Adjektive – Endungen (II) Nominativ

Endungen im *Nominativ* mit *ein, eine, ein*:

Er ist ein interessant**er** Mann. *(m)*
Sie ist eine interessant**e** Frau. *(f)*
Das ist ein modisch**es** Outfit. *(nt)*
Das sind schön**e** Sachen. *(pl)*

Achtung!
1 Adjektivendungen mit männlichen Nomen:
   Nominative → *er*   Das ist ein gut**er**
                        Film.
   Akkusativ → *en*   Sie sehen einen gut**en**
                        Film.

2 Keine Endungen für *super* und *prima*:
   Sie sehen einen *super* Film.
   Das ist ein *prima* Buch.

1 Adjektivendungen

Üben Sie.

Beispiele
Das Hotel ist billig. →
Das ist ein billiges Hotel.

a Die Wohnung ist ruhig.
    Das ist eine _____.
b Der Garten ist groß.
    _____

c Der Fernseher ist alt.
    _____

d Das Zimmer ist klein.
    _____

e Das Wochenende war toll.
    _____

f Der Abend war schön.
    _____

g Die Möbel sind altmodisch.
    _____

h Die Leute waren sehr nett.
    _____

i Die Idee ist gut.
    _____

j Die Idee ist prima.
    _____

k Die Party war super.
    _____

2 Ein Interview

Was denkt Karin Klauser?

i Ergänzen Sie die Adjektivendungen.

Beispiel
Wie finden Sie London? →
Ich finde, London ist eine interessante Stadt.

a Wie finden Sie Madonna?
    Ich finde, Madonna ist eine gut__ Sängerin.
b Wie finden Sie Justin Timberlake?
    Ich finde, Justin Timberlake ist ein talentiert__
    Sänger.
c Wie finden Sie *Metropolis*?
    Ich finde, *Metropolis* ist ein fantastisch__ Film.
d Wie finden Sie Harry Potter?
    Ich finde, Harry Potter ist ein sehr
    interessant__ Buch.
e Wie finden Sie Boxen?
    Ich finde, Boxen ist ein gefährlich__ Sport.
f Wie finden Sie Fish und Chips?
    Ich finde, Fish und Chips ist ein lecker__ , aber
    auch ungesund__ Essen.
g Wie finden Sie Deutsch?
    Ich finde, Deutsch ist eine schön__, aber auch
    kompliziert__ Sprache.

ii Und Sie? Wie finden Sie London, Madonna,
Justin Timberlake etc.? Beantworten Sie nun
die Fragen a–g und sagen Sie, was Sie denken.

Mehr Vokabeln

Mode

der Modetrend (-s)
die Modeindustrie (-n)
die Modenschau (-en)
das Modegeschäft (-ë)
das Modemagazin (-e)

Abschnitt B

Übungen

1 Was ist das?

Ordnen Sie zu.

die Hose – die Jacke – das Hemd – der
Mantel – die Krawatte – der Rock – die
Schuhe – die Brille – der Anzug – der Schal –
die Handschuhe – die Mütze – die Stiefel

a _____

b _____

c _____

d _____

e _____

f _____

g _____

h _____

i _____

j *die Stiefel*

k _____

l _____

m _____

2 Singular – Plural

Wissen Sie noch, wie die Pluralfomen heißen?

i Männliche Nomen: oft -e oder ̈-e

a der Schuh → _____
b der Hut → *die Hüte*
c der Anzug → _____
d der Rock → _____
e der Strumpf → _____

ii Weibliche Nomen oft: -n oder -en

a die Bluse → _____

b die Hose → _____

c die Jacke → _____

d die Krawatte → _____

e die Mütze → _____

iii Sächliche Nomen: oft -e oder ¨er

a das Kleid → _____

b das Hemd → *aber: die Hemden*

iv Ausländische Wörter: oft -s:

a das T-Shirt → _____

b das Outfit → _____

v Wörter mit -r und -el: oft – oder ¨:

a der Pullover → *die Pullover*

b der Stiefel → _____

c der Gürtel → _____

d der Mantel → _____

3 Was tragen Sie gern?

Lesen Sie, was die Leute gern tragen und was sie nicht gern tragen. Beantworten Sie dann die Fragen.

Karin de Brie, 29, Designerin

Mode ist sehr wichtig für mich. Ich trage gern Schuhe von Zara, Sonnenbrillen von Marc Jacobs, Pullover von Topshop und Jeans von Acne. Außerdem liebe ich Handtaschen, am liebsten von Gucci.

Wenn ich ausgehe, ziehe ich mich gern schick an. Zu Hause trage ich gern Jeans und Pullover. Eigentlich trage ich alles gern, was modisch ist. Ich mag aber keine dunklen Sachen.

Sonja Schustermann, 22, studiert BWL

Im Moment bin ich Studentin. An der Uni trage ich normalerweise eine Jeans und ein T-Shirt. Im Winter trage ich meistens eine Jeans und einen warmen Pullover.

Am Wochenende arbeite ich in einem Restaurant. Dann trage ich eine weiße Bluse mit einem schwarzen Rock und eleganten Schuhen. Blusen und Röcke trage ich aber eigentlich nicht so gern. Am liebsten trage ich bequeme Sachen.

Richtig oder falsch? Korrigieren Sie die falschen Aussagen.

Beispiel
Karin trägt gern Schuhe von Topshop. → Falsch. Sie trägt gern Schuhe von Zara.

a Karin liebt Handtaschen.

b Zu Hause trägt sie nicht gern Jeans und Pullover.

c Sie trägt gern alles, was dunkel ist.

d An der Uni trägt Sonja Schustermann normalerweise Jeans und ein T-Shirt.

e Bei der Arbeit muss sie einen schwarzen Rock mit einer schwarzen Bluse tragen.

f Sie zieht sehr gern Blusen und Röcke an.

g Am liebsten trägt Sonja bequeme Sachen.

Grammatik

Adjektive – Endungen

Endungen im *Dativ* mit *einem, einer, einem*:

Susanne trägt eine weiße Bluse mit ...
 einem *schwarzen* Mantel. *(m)*
 einer *roten* Hose. *(f)*
 einem *eleganten* Hemd. *(nt)*
 – *schwarzen* Schuhen. *(pl)*

Achtung!
1 Alle Adjektivendungen im Dativ: → **en**

2 Keine Endungen für *super* und *prima*

3 Im Dativ-Plural: die meisten Nomen brauchen ein extra **-n**:
Er trägt ein Hemd mit schwarzen Schuhe**n**.

1 Was tragen die Leute?

Ergänzen Sie die Endungen im Dativ.

a Carsten trägt eine Hose mit einem weiß__ Hemd.

b Dazu trägt er eine Jacke mit einer grau__ Krawatte.

c Nele hat eine blaue Bluse mit einer schwarz__ Jeans an.

d Alfons trägt einen Hut mit einer dunkl__ Lederhose.

e Gaby trägt gern eine Jacke mit einem modisch__ T-Shirt.

f Nadine trägt gern eine Jacke mit einer hell__ Bluse.

g Dazu trägt sie gern eine Jeans mit schwarz__ Schuhen.

2 Mehr Adjektivendungen

Ergänzen Sie die Endungen im Akkusativ und Dativ. Für Endungen im Akkusativ, sehen Sie bitte Lektion 8, Seite 74.

a Zu Hause trägt Dieter Schulz gern eine alte Jeans mit einem alten Hemd und bequemen Schuhen.

b Bei der Arbeit trägt er ein__ blau__ Anzug mit ein__ rot__ Krawatte und schwarz__ Schuhen.

c In der Schule trägt Moni eine Jeans mit ein__ modisch__ T-Shirt und schick__ Puma-Schuhen.

d Bei der Arbeit trägt Carolina ein__ elegant__ Bluse mit ein__ schön__ Rock und elegant__ Schuhen.

e Im Winter trägt Florbella meistens ein__ dick__ Mantel mit ein__ warm__ Pullover und warm__ Stiefeln.

f Im Sommer trägt sie lieber ein schön__ Kleid mit leicht__ Sommerschuhen.

g Tom trägt am liebsten Streetwear. Meistens trägt er ein__ schick__ Jeans aus New York mit ein__ modisch__ Diesel-Sweatshirt und modisch__ Puma-Schuhen.

3 Und was tragen Sie?

Schreiben Sie, was Sie

a bei der Arbeit/an der Uni
b zu Hause
c im Winter
d im Sommer
  tragen.

Schreiben Sie auch, was Sie

e gern tragen und
f nicht gern tragen.

Mehr Vokabeln

Kleidung

der Schal (-s)
der Handschuh (-e)
der Stiefel (-)
das Dirndlkleid (-er)

das Leder + die Jacke → die Lederjacke (-n)
die Wolle + der Pullover → der Wollpullover (-)
die Seide + das Hemd → das Seidenhemd (-en)
der Tanz + der Schuh → der Tanzschuh (-e)

Abschnitt C

Übungen

1 Wie heißen die Wörter?

Bitte ordnen Sie zu.

---

eine Hochzeit – eine Grillparty – eine
Geburtstagsfeier – Silvester – eine
Hauseinweihungsfeier – Weihnachten – eine
Bad-Taste-Party – eine Studentenparty

---

a Hier ziehen sich Leute sehr schlecht an:
    eine Bad-Taste-Party

b Eine Person wird zum Beispiel 50 Jahre alt:
    _____

c Diese Party findet an einer Universität statt:
    _____

d Wenn zwei Personen heiraten:
    _____

e Findet meistens im Sommer im Garten statt:
    _____

f Dieses Fest feiert man am 24., 25. und 26.
    Dezember:
    _____

g Hier gibt es meistens Sekt, Musik, etc.
    (31. Dezember):
    _____

h Leute ziehen in eine neue Wohnung ein:
    _____

2 Wohin gehen diese Leute?

Lesen Sie, was die Leute tragen und
entscheiden Sie dann, wohin sie gehen.

Die Leute gehen:

1 zu einem Tango-Tanzabend	
2 auf eine Grillparty	
3 auf eine Hippie-Hochzeit	*a,*
4 zu einem „Bayernabend"	
5 auf eine Hochzeit in der Kirche	

Der Mann trägt:

a lange Haare, ein langes, buntes Hemd mit einer
    alten Jeans, einer Halskette und Sandalen.

b dunkelblaue Shorts, Adidas-Sportschuhe, ein
    Bayern-München-Fußballhemd und eine
    Sonnenbrille.

c eine kurze Lederhose, lange Wollsocken, eine
    braune Wolljacke im traditionellen Stil, einen
    Hut mit Feder.

d einen dunklen Anzug mit einer silbergrauen
    Krawatte und mit einem weißen Hemd.

e einen weißen Anzug, schwarze Lederschuhe
    und einen schwarzen argentinischen Gaucho-
    Hut.

Die Frau trägt:

f weiße Shorts, grüne Schuhe, ein grünes T-Shirt
    und eine Sonnenbrille.

g ein rotes Kleid aus Seide, lange silberne
    Ohrringe, schwarze Tanzschuhe.

h ein violettes Maxikleid, Blumen in den Haaren, eine lange Halskette aus Glasperlen und keine Schuhe.

i ein Dirndlkleid mit einer weißen Bluse, weißen Strümpfen und schwarzen Schuhen.

j ein elegantes Kleid, eine rosarote Jacke, einen roten Hut und elegante Schuhe.

3 Wortspiel – Geschenke

i Wie viele Geschenke können Sie finden? Wir haben 16 Geschenke gefunden.

S	C	H	S	C	H	A	L	L	K
C	H	A	M	P	A	G	N	E	R
H	U	N	D	A	B	I	L	D	A
I	H	D	E	R	P	A	A	E	W
R	R	S	M	F	F	M	C	R	A
M	P	C	D	Ü	L	E	K	J	T
A	U	H	A	M	A	R	E	A	T
B	L	U	M	E	N	A	N	C	E
A	L	H	U	T	Z	S	E	K	T
M	I	E	C	R	E	M	E	E	R

ii Sind die Nomen *männlich, weiblich, sächlich* oder stehen sie im *Plural*? Ordnen Sie zu.

männlich	weiblich	sächlich	Plural
Schal			

Grammatik

Indirektes Objekt

Das indirekte Objekt steht im *Dativ*:

Er schenkt *dem Mann* einen Krimi. *(m)*
Sie kauft *der Tochter* ein T-Shirt. *(f)*
Sie kaufen *dem Kind* ein Eis. *(nt)*
Sie schenken *den Leuten* eine DVD. *(pl)*

Pronomen:

er → ihm   Er schenkt *ihm* einen Krimi. *(m)*
sie → ihr   Sie kauft *ihr* ein T-Shirt. *(f)*
es → ihm   Sie kaufen *ihm* ein Eis. *(nt)*
sie → ihnen   Sie schenken *ihnen* eine DVD. *(pl)*

Achtung!
Das *indirekte Objekt* (Dativ) steht meistens <u>vor</u> dem *direkten Objekt* (Akkusativ):

	(Indirekt/Dativ)	(Direkt/Akkusativ)
Wir kaufen	den Kindern	ein Eis.
Wir kaufen	ihnen	ein Eis.

I Was kann man den Leuten schenken?

Wählen Sie für jede Person (a–g) ein Geschenk aus der Box. Benutzen Sie die Pronomen *ihm, ihr, ihnen.*

> ein Abonnement für die Oper – eine Schachtel Pralinen – einen Besuch in einem Wellnesscenter – eine Espressomaschine – zehn rote Rosen – einen Kurztrip nach Paris – ein Fußballtrikot von Manchester United

Beispiel
Marco findet Mode wichtig, trägt gern Anzüge. → Man kann ihm eine Krawatte von Hugo Boss schenken.

a Marion mag Blumen, ist sehr romantisch.
   Man kann *ihr*

b Hans ist ein großer Fußball-Fan, mag englischen Fußball.

Man kann

_____

c Cornelia liebt Wagner und Mozart.

_____

d Stefan und Dagmar reisen gern, mögen beide große Städte.

_____

e Robin isst gern Süßigkeiten.

_____

f Annett ist sehr gestresst, bei der Arbeit gibt es viel zu tun.

_____

g Kathrin und Jörg haben eine neue Wohnung, sie trinken beide gern Kaffee.

_____

2 Wie heißt es richtig?

Ordnen Sie die folgenden Sätze. Beginnen Sie mit dem Wort, das unterstrichen ist.

Beispiel
der Frau / bringt / <u>Sie</u> / Blumen mit. →
Sie bringt der Frau Blumen mit.

a seiner Mutter / schenkt / eine CD / <u>Peter</u>

b geschenkt / <u>Sie</u> / eine Flasche Champager / ihren Freunden / haben

c eine Wohnung / haben / gekauft /unserem Sohn / <u>Wir</u>

d ein Geschenk / <u>Hast</u> / zum Geburtstag / gekauft? / du / deiner Mutter

e unserer Tochter / haben / <u>Wir</u> / geschenkt / ein Auto

f haben / eine schöne Lampe / <u>Fabian und Karin</u> / geschenkt / wir

g Postkarten aus dem Urlaub / geschickt? / du / deinen Kindern / <u>Hast</u>

h ein wunderbares Essen / bezahlt /mir / <u>Mein Großvater</u> / hat / in einem teuren Restaurant

Mehr Vokabeln

Mehr Feiern

der Muttertag (-e)
der Vatertag (-e)
die Konfirmation (-en)
die Erstkommunion (-en)
die Silberne Hochzeit (-en)
die Goldene Hochzeit (-en)

Abschnitt D

Übungen

1 Was gibt es alles im Kaufhaus?

Bitte ordnen Sie zu.

---

die Beauty Lounge – Young Fashion – die Umkleidekabine – ~~die Kasse~~ – die Lebensmittelabteilung – der Ticketshop – der/die Verkäufer/in – die Damenabteilung – der Geldautomat – die Herrenabteilung

---

a Dort kann man bezahlen:
die Kasse

b Er/Sie kann Kunden etwas empfehlen:

_____

c Hier kann man T-Shirts, Blusen, Hosen, etc. anziehen:

_____

d Hier findet man Kleidung für Frauen:

_____

e Hier gibt es zum Beispiel Gesichtsmassagen:

_____

f Hier kann man mit seiner Karte Geld bekommen:

_____

g Hier kann man zum Beispiel Karten für ein Konzert kaufen:

_____

h Hier gibt es Kleidung für jüngere Leute:

_____

i Hier bekommt man Kleidung für Männer:

_____

j Hier bekommt man Brot, Obst, Käse etc.:

_____

2 Ich suche ein Buch

Ergänzen Sie bitte den Dialog.

> meinen – gelesen – Krimis – nehme –
> empfehlen (x2) – beliebt – ~~helfen~~ –
> spannender – kostet – deutschen – liest

Verkäufer	Guten Tag. Kann ich Ihnen **1** *helfen*?
Leonie	Guten Tag. Ich suche ein Buch für **2**_____ Freund.
Verkäufer	Ja, was für Bücher **3**_____ er gern?
Leonie	Er liest sehr gern **4**_____. Können Sie mir etwas **5**_____?
Verkäufer	Die Wallander-Krimis von Henning Mankell sind natürlich sehr **6**_____.
Leonie	Ach, nein. Er hat schon alle Krimis von Henning Mankell **7**_____.
Verkäufer	Oder vielleicht möchten Sie ein Buch von einem **8**_____ Schriftsteller?
Leonie	Gute Idee! Können Sie bitte einen deutschen Krimi **9**_____?
Verkäufer	Ja, gerne. Hier habe ich *Schwarzes Fieber* von Wolfgang Burger. Das ist ein sehr **10**_____ Krimi.
Leonie	Wunderbar. Was **11**_____ er denn?
Verkäufer	12,99 als Taschenbuch.
Leonie	Gut, dann **12**_____ ich das Buch. Vielen Dank für die Empfehlung.

Grammatik

Der Dativ

Alle Pronomen im Dativ:

ich → *mir*	wir → *uns*
du → *dir*	ihr → *euch*
Sie → *Ihnen*	Sie → *Ihnen*
er/es → *ihm*	sie → *ihnen*
sie → *ihr*	

Nicht vergessen! Man braucht den Dativ:

1 Mit *Präpositionen* (zum Beispiel **mit, von, zu**; manchmal **in, auf**, etc.*)
2 Für das *indirekte Objekt*
3 Mit bestimmten Konstruktionen und *Verben* (zum Beispiel **helfen, gefallen**).

* Siehe Lektion 7, Abschnitt C, *Grammatik*, Seite 64.)

1 *Dir, euch, Ihnen* etc.?

Beantworten Sie die Fragen.

Beispiel
Wie geht es dir? →
Danke, *mir* geht es prima.

a Wie geht es Marion?
_____ geht es ausgezeichnet.

b Wie geht es euch?
Danke, _____ geht es gut.

c Gefällt dir Berlin?
Ja, Berlin gefällt _____ gut.

d Gefällt euch London?
Ja, London gefällt _____ gut.

e Gefällt Peter sein neuer Job?
Nein, sein neuer Job gefällt _____ nicht.

f Gefällt Maria und Tim die neue Wohnung?
Ja, die neue Wohnung gefällt _____ gut.

g Können Sie mir eine CD empfehlen?
Ja, natürlich kann ich _____ eine CD empfehlen.

h Kannst du mir helfen?

Ja, natürlich kann ich _____ helfen.

i Könnt ihr uns helfen?

Na klar, wir helfen _____ gern.

Mehr Vokabeln

Mehr Verben mit dem Dativ	
antworten	Er hat *uns* nicht geantwortet.
danken	Ich danke *dir* für das nette Geschenk.
folgen	Ich folge dem Auto.
gehören	Dieses Buch gehört *mir* nicht.

Und zum Schluss

 I Sprechen

Ein Interview. Was sagen Sie?

a Wie geht es Ihnen?

b Ist Mode wichtig für Sie?

c Was ziehen Sie normalerweise bei der Arbeit / an der Uni an?

d Was tragen Sie zu Hause?

e Was tragen Sie gern?

f Was tragen Sie nicht gern?

g Sie gehen auf eine Grillparty. Was ziehen Sie an?

h Sie gehen auf eine Hochzeit. Was tragen Sie?

i Ihr Freund Robert hat Geburtstag. Er hört gern klassische Musik und kocht gern. Was bringen Sie ihm mit?

j Ihre Freundin Claudia hat Geburtstag. Sie liebt Südamerika. Was bringen Sie ihr mit?

k Ihre neuen Nachbarn Elvira und Egbert machen eine Hauseinweihungsparty. Was bringen Sie ihnen mit?

l Wie finden Sie eigentlich Fish und Chips?

m Und wie finden Sie Madonna?

n Gefällt Ihnen Ihre Arbeit / Ihr Studium?

o Gefällt Ihnen die deutsche Sprache?

p Eine Freundin, Miriam, möchte ein interessantes Buch lesen. Können Sie ihr ein Buch empfehlen?

2 Lesen

Pro und Contra – Hochzeit ganz in Weiß?

 **Susanne V. (31):
Alte Traditionen sind gut**

Bei meiner Hochzeit vor drei Jahren habe ich ein ganz traditionelles weißes Brautkleid getragen. In meinem Outfit habe ich mich wie eine Prinzessin gefühlt und viele Komplimente bekommen.

Weiß ist ja die Farbe der Hochzeit. Warum soll man den alten Traditionen nicht folgen? Mit einem bunten Kleid sieht die Braut nur wie die anderen weiblichen Hochzeitsgäste aus – obwohl sie ja die Hauptperson ist.

In Weiß haben schon meine Mutter, meine Oma und meine Urgroßmutter geheiratet. Das ist für mich und auch für viele andere Bräute eine Familientradition. Viele sagen, dass ihnen Weiß zu hart wäre. Dabei gibt es doch viele Nuancen dieser Farbe – von Creme bis Champagner.

Wenn ich mir heute meine Hochzeitsfotos anschaue, bin ich froh, dass ich ein weißes Kleid getragen habe. Sicherlich ist es ein kleiner Luxus, für einen einzigen Tag ein so extravagantes und teures Kleid zu kaufen. Auf der anderen Seite war es für mich ein unvergesslicher Tag.

 **Emma W. (25):
Erlaubt ist, was gefällt**

Im Juni habe ich in einem roten Brautkleid geheiratet. Ich denke, dass eine Braut an ihrem Hochzeitstag das Recht hat, das zu tragen, was sie auch will.

Schon als kleines Mädchen wusste ich, dass Weiß nicht die Farbe ist, in der ich heiraten möchte. An ihrem Hochzeitstag sollte eine Braut sich wohl fühlen und ein Kleid tragen, das zu ihrem Typ passt. Symbolisch gesehen, finde ich Rot – die Farbe der Liebe – viel passender. In meinem dunkelroten Kleid habe ich mich auch sehr schick gefühlt.

Das war nicht nur mein persönlicher Geschmack. Weiße Brautkleider sind auch sehr unpraktisch. Man trägt sie meist nur einen einzigen Tag und dann nie wieder. Dafür gibt man sehr viel Geld aus. Ein andersfarbiges Kleid dagegen kann ich auch noch zu anderen Gelegenheiten anziehen.

Ich habe übrigens nichts gegen weiße Hochzeiten. Es gibt sicherlich Frauen, die toll in einem solchen Outfit aussehen. Daher sollte jede tragen, was für sie das Richtige ist.

Wer denkt was?

Lesen Sie die Aussagen und schreiben Sie dann **S** (Susanne), **E** (Emma) oder **K** (Keine von beiden).

a An ihrem Hochzeitstag darf eine Braut das tragen, was sie will. *E*

b Weiß ist die richtige Farbe für eine Hochzeit.

c Die Braut ist die wichtigste Person an ihrem Hochzeitstag und sollte anders aussehen als die anderen Gäste.

d Eine Braut sollte ein Kleid tragen, das ihr gut steht.

e Rot als Farbe der Liebe ist eine gute Farbe für eine Hochzeit.

f Alle Frauen wissen schon als kleines Mädchen, dass sie in einem weißen Brautkleid heiraten möchten.

g Viele Frauen wollen der Familientradition folgen und in einem weißen Brautkleid heiraten.

h Weiß gibt es in vielen Nuancen.

i Weiße Brautkleider sind nicht sehr praktisch.

j Alle Frauen sehen in einem weißen Brautkleid toll aus.

11 | Urlaub, Wetter und Gesundheit

Abschnitt A

Übungen

1 Was für ein Urlaub ist das?

Ordnen Sie bitte zu.

> Wellnessurlaub – All-Inclusive-Urlaub –
> Kurzurlaub – Abenteuerurlaub –
> Erholungsurlaub – Skiurlaub – Aktivurlaub –
> ~~Strandurlaub~~ – Kulturologie – Städtereise

a Ein Urlaub am Meer:
   ein *Strandurlaub.*

b Man besucht zum Beispiel Paris oder Rom:
   eine _____.

c Alles ist bezahlt, auch Essen und Trinken:
   ein _____.

d Man bekommt zum Beispiel Aromamassagen,
   macht Joga etc.:
   ein _____.

e Man macht gefährliche Sachen, zum Beispiel
   eine Safari:
   ein _____.

f Ein Urlaub im Winter in den Bergen:
   ein _____.

g Man macht sehr viel Sport:
   ein _____.

h Man macht nicht viel, will relaxen:
   ein _____.

i Man bleibt nicht lange, oft nur ein paar Tage:
   ein _____.

j Man lernt viel über ein Land, eine Stadt etc.:
   ein _____.

2 War der Urlaub gut (✓) oder schlecht (✗)?

a Das Wetter war eine Katastrophe. (✗)

b Nach dem Urlaub habe ich mich total fit
   gefühlt. (__)

c Die Pisten waren fantastisch. (__)

d Man konnte auch richtiges deutsches Bier
   kaufen. Das war super. (__)

e Der Strand war schmutzig und das Wasser zu
   kalt. (__)

f Das Hotel war zu teuer und die Leute waren
   unfreundlich. (__)

g Wir hatten tolles Wetter und haben viele
   interessante Sachen gemacht. (__)

3 Ein typischer Urlaubstag für Tina

Schreiben Sie, was Tina gemacht hat. Benutzen
Sie das Perfekt.

a Ich *bin* um 9 Uhr *aufgestanden.* (aufstehen)

b Danach *bin* ich zum Strand _____.
   (gehen)

c Zuerst _____ ich im Meer _____.
   (schwimmen)

d Dann _____ ich lange in der Sonne
   _____. (liegen)

e Ich _____ mich sehr gut _____.
   (fühlen)

f Am Nachmittag _____ wir einen Ausflug
   _____. (machen)

g Wir _____ ein Museum _____.
   (besuchen)

h Die Ausstellung _____ mir gut
   _____. (gefallen)

i Abends _____ ich auf eine Party
_____. (gehen)

j Ich _____ viele Cocktails _____.
(trinken)

k Um 3 Uhr _____ ich _____.
(schlafen)

Wollen Sie das Perfekt wiederholen? Sehen
Sie Lektion 8, Seite 77, *Wichtige irreguläre
Verben.*

Grammatik

Präpositionen

Präpositionen mit Städten, Ländern etc:

Ich fahre *nach* Berlin. aber →   Ich bin *in* Berlin.
Ich fahre *nach* Polen.   Ich bin *in* Polen.
Ich fahre *nach* Mallorca.   Ich bin *auf* Mallorca.
Ich fahre *aufs* Land.   Ich bin *auf dem* Land.
Ich fahre *in die* Berge.   Ich bin *in den* Bergen.
Ich fahre *ans* Meer.   Ich bin *am* Meer.

Achtung!

1 Länder mit Artikel:
  Ich fahre *in die* Schweiz, *in die* USA. (Akkusativ)
  Ich bin *in der* Schweiz, *in den* USA. (Dativ)

2 Ausnahme! nach Hause – zu Hause
  Ich gehe *nach* Hause.
  Ich bin *zu* Hause.

Sehen Sie bitte Lektion 7, Seite 62, für *in/auf/an* + Akkusativ oder Dativ.

| Wie heißt es richtig?

Ergänzen Sie.

a Carola läuft gern Ski. Sie fährt *in die* Berge.

b Susi und Michaela machen eine Reise _____
Paris.

c Am Wochenende fährt Herr Schmücke oft
_____ Land.

d Letztes Jahr haben sie einen Urlaub _____
Bergen gemacht.

e Dieses Jahr fahren sie _____ Meer.

f Nach der Arbeit geht Simone gleich _____
Hause.

g Bist du heute Abend _____ Hause?

h Fahrt ihr dieses Jahr _____ USA?

i Bist du schon einmal _____ Paris gewesen?

j Sebastian hat ein schönes Haus _____
Mallorca.

2 Eine Postkarte

Was fehlt? Ergänzen Sie.

> freundlich – ans – nach – nach – kalt – Stadt – in – in – in die – gefallen

---

Edinburg, 18. August

Hallo Lena,

Ich mache dieses Jahr Urlaub **1**_____ Schottland. Ich bin jetzt **2**_____
Edinburg. Es ist eine fantastische **3**_____.

Mir **4**_____ besonders die Museen und Kneipen hier. Und natürlich die Leute – die
Schotten – sind sehr **5**_____.

Gestern habe ich einen Ausflug **6**_____ Meer gemacht. Das Wasser war sehr
7_____, aber die Landschaft ist einfach toll.

Morgen will ich **8**_____ Berge fahren und die Highlands sehen.
Danach fahre ich noch ein paar Tage **9**_____ Glasgow.

Am 27. August fliege ich **10**_____ Düsseldorf zurück.

Viele Grüße

dein Frank

Mehr Vokabeln

Mehr Urlaube

die Kreuzfahrt (-en) (Schiffreise)
der Zelturlaub (-e) / Campingurlaub (-e)
der Fahrradurlaub (-e)
der Urlaub auf dem Bauernhof

Abschnitt B

Übungen

I Wie heißen die Jahreszeiten?

a März, April, Mai: der Fr_ _ l _ _ g
b Juni, Juli, August: der S _ m _ er
c September, Oktober, November: der H _ _ _ st
d Dezember, Januar, Februar: der _ i n _ _ _

2 Welcher Satz (a–h) passt zu welchem Symbol (1–9)?

I *Die Sonne scheint.*

2 _____

3 _____

4 _____

5 _____

6 _____

7 _____

8 _____

9 _____.

a Es schneit.
b Es regnet.
c Es gibt leichte Schauer.
d Es ist windig.
e ~~Die Sonne scheint.~~

f Es ist neblig.
g Es ist bewölkt.
h Es ist teilweise bewölkt.
i Es gibt Gewitter.

Grammatik

Himmelsrichtungen – *Norden, Süden, Westen, Osten*

I Man sagt:
in Norddeutschland   in Westdeutschland
in Süddeutschland   in Ostdeutschland

Es gibt auch:
in Nordwestdeutschland, in
Nordostdeutschland, in Südwestdeutschland,
in Südostdeutschland.

2 Aber:
im Norde*n*   im Weste*n*
im Süde*n*   im Oste*n*

Es gibt auch: im Nordwesten, im Nordosten,
im Südwesten, im Südosten von Deutschland.

Beispiele
In Norddeutschland scheint die Sonne.
Im Norden von Deutschland scheint die Sonne.
In Südostdeutschland regnet es.
Im Südosten (von Deutschland) regnet es.

I Sagen Sie es anders!

Beispiel
In Süddeutschland ist es windig. →
Im Süden von Deutschland ist es windig.

a In Westdeutschland ist es neblig.
Im _____.

b In Ostdeutschland scheint die Sonne.
_____.

c In Norddeutschland beträgt die
Tagestemperatur 24 Grad.
_____.

d In Nordwestdeutschland gibt es Gewitter.
_____.

e In Südwestdeutschland hat es gestern geschneit.
_____.

f In Nordspanien hat es Gewitter gegeben.
_____.

g In Südfrankreich sind es heute 35 Grad.
_____.

Mehr Vokabeln

Wetter
die Höchsttemperatur (-en)
die Tiefsttemperatur (-en)
der Niederschlag (¨e) – Es gibt Regen oder Schnee.
Es ist bedeckt. – Es ist stark bewölkt.
Es ist heiter. – Die Sonne scheint und es gibt keinen Regen.

Abschnitt C

Übungen

1 Wie heißen die Sportarten?

Ordnen Sie zu.

Fahrradfahren – Surfen – Segeln – Paragleiten – Bergsteigen – ~~Kanu und Kajak~~ – Tauchen – Kampfsportarten – Motorradfahren – Reiten – Golf – Wandern

a   *Kanu und Kajak*

b   _____

c   _____

d   _____

e   _____

f   _____

g   _____

h   _____

i   _____

j   _____

k   _____

l   _____

2 Leben Sie gesund? Machen Sie genug Sport?

Ergänzen Sie, was die Leute sagen.

Bioladen – gesund – Freundin – Segeln – mache – fit – Urlaub – Außerdem – Gemüse – Tee – hole – arbeiten – aktiv – Kampfsportarten – wichtig – Sauna

i Martina Antowic, 19, BWL-Studentin
Gesundheit ist sehr 1_____ für mich. Ich 2_____ Jiu-Jitsu und gehe dreimal pro Woche zum Training. 3_____ wie Jiu-Jitsu oder Taekwondo finde ich gut. Außerdem jogge ich regelmäßig mit einer 4_____. Ich denke, dass ich sehr 5_____ bin. 6_____ ernähre ich mich sehr gut.

Ich esse sehr viel Obst, **7**_____ und
Salat und kaufe viel im **8**_____ ein.
Ich trinke viel Wasser und **9**_____
und ich trinke sehr wenig Alkohol.

ii Carlo Teutmann, 36, Computerspezialist
In der Woche muss ich oft lange
1_____ und kann nicht so viel Sport
machen. Meistens gehe ich aber einmal pro
Woche schwimmen und danach in die
2_____. Leider esse ich nicht immer
3_____. Wenn ich abends spät nach
Hause komme, **4**_____ ich mir oft
einen Hamburger mit Pommes oder ein Gyros
vom Griechen. Am Wochenende bin ich aber
meistens sehr **5**_____. Oft fahre ich
mit meiner Partnerin zum **6**_____
auf dem Starnberger See oder wir gehen

wandern. Im **7**_____ gehen wir auch
Bergsteigen.

Grammatik (1)

Wenn-Sätze

Bei *wenn*-Sätzen steht das Verb am Ende:

                    (wenn)   (verb)
Es ist gesund, *wenn* man regelmäßig *joggt*.
Es ist auch gut, *wenn* man viel Wasser *trinkt*.

Achtung! Der Satz beginnt mit *wenn*:

Wenn es *regnet, fahre* ich mit dem Bus.
Wenn ich Zeit *habe, gehe* ich auf die Party.
Wenn du *möchtest, können* wir heute essen *gehen*.

1 Was passt am besten?

Verbinden Sie Satzteil A mit Satzteil B.

A
1 Wenn es warm ist,
2 Wenn dein Handy kaputt ist,
3 Wenn es regnet,
4 Wenn ich Urlaub habe,
5 Wenn du müde bist,
6 Wenn du Hunger hast,
7 Wenn du heute Zeit hast,
8 Wenn du nach Berlin kommst,

B
a musst du ins Bett gehen.
b kannst du bei mir wohnen.
c brauchst du einen Regenschirm.
d kannst du eine kurze Hose tragen.
e können wir ins Kino gehen.
f kannst du ein neues kaufen.
g iss ein Brötchen.
h fahre ich nach Italien.

2 *Wenn*-Sätze

Schreiben Sie *wenn*-Sätze.

Beispiel
Hoffentlich habe ich Zeit. Dann gehe ich auf die
Party. →
Wenn ich Zeit habe, gehe ich auf die Party.

a Hoffentlich regnet es morgen nicht. Dann
gehen wir im Park spazieren.

_____

b Hoffentlich kommt Gerds Bus bald an. Dann
gehen wir zusammen ins Kino.

_____

c   Hoffentlich hast du Hunger. Dann gehen wir gleich essen.

_____

d   Hoffentlich ist unser bester Spieler bald wieder fit. Dann gewinnen wir das Finale.

_____

e   Hoffentlich hast du morgen keine Zahnschmerzen mehr. Dann gehen wir zusammen shoppen.

_____

f   Hoffentlich bin ich bis morgen wieder gesund. Dann kann ich wieder arbeiten.

_____

g   Hoffentlich ist meine Freundin heute Abend zu Hause. Dann kann ich bei ihr essen.

_____

h   Hoffentlich ist das Wetter morgen schön. Dann gehen wir schwimmen.

_____

Grammatik (2)

> **Modalverben (2) – _dürfen, sollen, wollen_**
>
> **Modalverben sind irregular:**
>
> | ich | → | darf | soll | will |
> | du | → | darfst | sollst | willst |
> | Sie | → | dürfen | sollen | wollen |
> | er/sie | → | darf | soll | will |
>
> | wir | → | dürfen | sollen | wollen |
> | ihr | → | dürft | sollt | wollt |
> | Sie/sie | → | dürfen | sollen | wollen |
>
> **Achtung! Etwas ist verboten: nicht + dürfen:**
>
> Hier dürfen Sie nicht fotografieren!
> Hier darfst du nicht rauchen!
>
> Mehr über die Modalverben _können, müssen, möchten_, siehe Lektion 6, Seite 57.

I Wie heißt es richtig?

Ergänzen Sie, bitte.

a   Mein Arzt sagt, ich _soll_ mehr schwimmen gehen. (sollen)

b   Was _____ ich machen? (sollen)

c   _____ du nicht morgen nach Hamburg fahren? (sollen)

d   Nächsten Monat _____ er mit einem Tanzkurs anfangen. (wollen)

e   Stefan und Andrea _____ im Sommer heiraten. (wollen)

f   _____ du heute Abend mit ins Kino kommen? (wollen)

g   Wo _____ er dieses Jahr Urlaub machen? (wollen)

h   _____ du eigentlich wieder Volleyball spielen? (dürfen)

i   Hier _____ man nicht rauchen. (dürfen)

j   _____ ich Sie fragen, wie alt Sie sind? (dürfen)

k   Kinder under 16 Jahren _____ den Film nicht sehen. (dürfen)

Mehr Vokabeln

> **Gesundes Essen**
>
> der Spinat (-e)
> der Brokkoli (-)
> die Grapefruit (-s)
> die dunkle Schokolade (-n)
> das Vollkornbrot (-e)
> der Joghurt (-s/-e)

Abschnitt D

Übungen

1 Wie heißen die Körperteile?

Ergänzen Sie.

a der K _ p _
b das _ h _
c die _ _ s _
d die Z _ h _ e
e der M _ _ _
f das A u _ _
g der H a _ _
h der B _ _ _ h
i die _ _ _ d
j das _ n _ _
k das _ e i _
l der F _ _

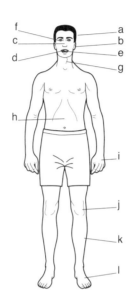

2 Wie heißen die Wörter im Plural?

Für Tipps, wie man den Plural bildet, sehen Sie bitte Lektion 10, Seite 97.

i Männliche Nomen
a der Arm → *die Arme*
b der Kopf → *die Köpfe*
c der Bauch → _____
d der Fuß → _____
e der Zahn → _____
f der Hals → _____
g der Mund → *die Münder*
h der Rücken → _____
i der Busen → *die Busen*
j der Finger → *die Finger*

ii Weibliche Nomen
a die Nase → *die Nasen*
b die Zehe → _____
c die Zunge → _____
d die Lippe → _____
e die Hand → _____

iii Sächliche Nomen
a das Haar → *die Haare*
b das Bein → *die Beine*
c das Knie → _____
d das Gesicht → _____
e das Auge → *die Augen*

3 Können Sie helfen?

Welcher Ratschlag (a–h) passt zu welchem Problem (1–8)?

Beispiel
1 = g

1 Ich habe seit ein paar Tagen Zahnschmerzen.
2 Ich bin oft müde und schlafe nur etwa fünf Stunden.
3 Mein Rücken ist verspannt und tut weh.
4 Ich arbeite viel am Computer und meine Augen tun oft weh.
5 Ich fühle mich immer sehr gestresst.
6 Mein Hals tut weh.
7 Ich habe leichte Kopfschmerzen.
8 Ich habe Bauchschmerzen.

a Nehmen Sie doch eine oder zwei Aspirin.
b Trinken Sie einen Kamillentee.
c Machen Sie alle 50 Minuten eine kurze Pause.
d Sie müssen mehr schlafen.
e Sie brauchen ein paar Massagen.
f Gehen Sie doch zu einem yogakurs.
g Gehen Sie schnell zum Zahnarzt.
h Nehmen Sie ein paar Halstabletten.

Grammatik

Das Verb *wehtun*

Das Verb *wehtun* ist trennbar:

1   Im Singular sagt man:
    Mein Kopf *tut* weh.
    Mein Hals *tut* seit drei Wochen weh.

2   Im Plural sagt man:
    Meine Beine *tun weh*.
    Meine Augen *tun* schon ein paar Tage *weh*.

Achtung! Im Perfekt sagt man:
Mein Kopf hat wehgetan.
Meine Augen haben wehgetan.

| Sagen Sie es anders!

Beispiel
Mein Bauch tut weh.
Ich habe Bauchschmerzen.

a   Mein Hals tut weh.

_____

b   Meine Ohren tun weh.

_____

c   Mein Knie tut weh.

_____

d   Mein Bein tut weh.

_____

e   Mein Rücken tut weh.

_____

f   Mein Kopf tut weh.

_____

g   Meine Augen tun weh.

_____

h   Mein Zahn tut weh.

_____

Mehr Vokabeln

Körperteile

das Kinn (-e)
die Augenbraue (-n)
der Oberarm (-e)
der Unterarm (-e)
der Meniskus (-se)

Und zum Schluss

 | Sprechen

a   Treiben Sie Sport?

b   Wie oft treiben Sie Sport?

c   Welchen Sport machen Sie gern?

d   Welchen Sport machen Sie nicht gern?

e   Gehen Sie in ein Fitnesscenter? Wenn ja – wie oft gehen Sie? Ist das teuer?

f   Dürfen Sie im Moment jeden Sport treiben oder dürfen Sie etwas nicht machen?

g   Essen Sie gesund?

h   Essen Sie viel Gemüse?

i   Dürfen Sie vielleicht etwas nicht essen?

j   Trinken Sie viel Wasser am Tag?

k   Wie viele Stunden schlafen Sie pro Nacht?

l   Ist das genug?

m   Erzählen Sie über Ihren letzten Urlaub. Wo waren Sie?

n   Wo haben Sie gewohnt?

o   Wie lange sind Sie geblieben?

p   Was haben Sie gemacht?

q   Wie war das Wetter?

r   Hat es Ihnen gefallen?

s   Wohin wollen Sie das nächste Mal fahren?

2 Lesen

Lebst du gesund?

Wolltest du schon immer wissen, ob du gesund lebst? Mach diesen Test und du weißt es!

Frage 1: Rauchst du?

a Ich rauche nie.

b Ich rauche selten.

c Ich rauche täglich.

Frage 2: Wo lebst du?

a Auf dem Land.

b In einer kleineren Stadt.

c In einer Großstadt.

Frage 3: Treibst du Sport?

a Jeden Tag!

b Etwa einmal in der Woche.

c Nie.

Frage 4: Wie lange schläfst du normalerweise pro Nacht?

a Mehr als 6 Stunden.

b 5–6 Stunden.

c 4–5 Stunden.

Frage 5: Wie fühlst du dich am Arbeitsplatz?

a Ich fühle mich sehr wohl am Arbeitsplatz und die Arbeit macht mir Spaß.

b Ich habe ab und zu Stress, aber sonst gefällt mir die Arbeit.

c Ich fühle mich oft gestresst bei der Arbeit.

Frage 6: Wie würdest du dich selbst beschreiben?

a Ich bin total relaxed und meistens ganz ruhig.

b Manchmal werde ich ärgerlich, bin sonst aber ganz ok.

c Ich bin oft nervös und schreie manchmal andere Leute an.

Frage 7: Thema: Alkohol

a Ich trinke nie Alkohol.

b Ich trinke eigentlich nur am Wochenende vielleicht ein Glas Bier.

c Ich brauche täglich drei Flaschen Bier oder eine halbe Flasche Wein.

Frage 8: Meine Figur

a Ich bin ganz zufrieden mit meiner Figur, bin nicht zu dick und nicht zu dünn.

b Ich habe schon ein paar Kilos zu viel drauf.

c Ich möchte schon lange abnehmen, kann es aber nicht.

Frage 9: Thema: Süßigkeiten

a Schokolade und andere Süßigkeiten mag ich nicht so sehr.

b Ich esse alle 2–3 Tage etwas Süßes.

c Schokolade oder andere Süssigkeiten gehören bei mir zum Alltag.

Frage 10: Hast du Hobbys?

a Ja, ein Hobby ist sehr wichtig für mich.

b Wenn ich frei habe, gehe ich ab und zu einer Freizeitbeschäftigung nach.

c In meiner Freizeit weiß ich oft nicht, was ich tun soll und es ist mir langweilig.

Wie viele Punkte hast du?
Antwort a: 10 Punkte; Antwort b: 5 Punkte; Antwort c: 0 Punkte

Gesamtzahlen 100–70 Punkte: Dein Lebensstil ist sehr gesund. 69–40 Punkte: Dein Lebensstil ist nicht besonders gesund, aber auch nicht schlecht. 39–0 Punkte: Dein Lebensstil ist ungesund / sehr ungesund!

12 | Das Leben in Deutschland

Abschnitt A

Übungen

1 Was sagt man am Telefon?

Verbinden Sie Teil A mit Teil B.

<table>
<tr><td>

A

1	Hallo, Marion. Wie geht
2	Guten Tag. Kann ich bitte
3	Hallo, Marc. Bist
4	Guten Tag. Ist Frau
5	Hallo, Paula. Hast du
6	Hallo, Tim. Ist Stefanie
7	Guten Tag. Spreche ich mit
8	Guten Tag. Ist das die
9	Hallo, Matthias. Rufst du

</td><td>

B

a	Herrn Vandermann?
b	Kazim heute im Büro?
c	es dir?
d	mich bitte zurück?
e	mit Frau Medick sprechen?
f	da?
g	du es?
h	Touristeninformation?
i	einen Moment Zeit?

</td></tr>
</table>

2 Welches Wort passt am besten?

Apparat – da – ~~sprechen~~ – Büro – zurückrufen – verbinde – Wiederhören – Nachricht – besetzt – ausrichten

a Ich möchte bitte mit Frau Weber *sprechen*.

b Möchten Sie eine _____ hinterlassen?

c Ist Sabine _____.

d Kann sie mich bitte _____?

e Wie lange sind Sie heute im _____?

f Was soll ich ihr _____?

g Hallo, hier ist Monika Modemann am _____.

h Einen Moment. Ich _____.

i Die Leitung ist leider _____.

j Ich rufe später noch mal an. Auf _____.

3 Tim Weber von der Firma Grafiks & Co telefoniert mit Frau Philipps

Ordnen Sie den Dialog.

1	2	3	4	5	6	7	8	9	10	11	12
d											

a Herr Weber Alles klar, Sie können mich jederzeit anrufen. Ich bin im Büro.

b Frau Philipps Gut, vielen Dank. Bis später. Auf Wiederhören.

c Frau Philipps Das ist ausgezeichnet. Wann können Sie mir das Poster schicken?

d Herr Weber Guten Tag, Frau Philipps. Hier spricht Tim Weber von der Firma Grafiks & Co.

e Frau Philipps Na ja, im Moment haben wir sehr viel zu tun. Aber mir geht's sehr gut, danke.

f Frau Philipps Guten Tag, Herr Weber. Wie geht es Ihnen?

g Frau Philipps Ja, das ist eine gute Idee.

h Herr Weber Frau Philipps, wir haben das neue Poster für Sie fertig.

i Frau Philipps Danke, ich sehe es mir an und ich gebe Ihnen danach Feedback.

j Herr Weber Danke, gut. Und Ihnen?

k Herr Weber Wenn Sie möchten, kann ich es Ihnen gleich per E-Mail schicken.

l Herr Weber Gut, dann mache ich das.

Grammatik

Schwache Nomen (weak nouns)

Ein paar Nomen brauchen im Akkusativ und Dativ ein -(e)n:

Nominativ:	Ist das Herr Matussek?
Akkusativ:	Kennen Sie Herr**n** Matussek?
Dativ:	Ich spreche mit Herr**n** Matussek.

Nominativ:	Er ist Student.
Akkusativ:	Kennen Sie den Student**en**?
Dativ:	Er hilft dem Student**en**.

> **Achtung!**
>
> 1 Andere schwachen Nomen: der Architekt, der Junge, der Name, der Mensch, der Tourist.
>
> 2 Tipp: Es gibt nur männliche schwache Nomen. Ausnahme: das Herz.

1 Schwache Nomen

Braucht man eine Endung oder nicht?

Beispiel
Mario ist Student__. (✗)
Er spricht mit dem Student**en**. (✓)

a Peter ist Architekt__. (__)

b Er arbeitet mit einem anderen Architekt__ zusammen. (__)

c Wie ist dein Name__? (__)

d Bitte sagen Sie Ihren Name__. (__)

e Haben Sie Herr__ Berger gesehen? (__)

f Guten Tag, Herr__ Berger. (__)

g Er ist ein Tourist__ aus Bayern. (__)

h Können Sie bitte dem Tourist__ helfen? (__)

i Kennst du den Student__? (__)

j Bist du Student__? (__)

k Sie haben zwei Kinder: ein Mädchen und einen Junge__. (__)

l Der Junge__ spielt im Park Fußball. (__)

Mehr Vokabeln

> **Telefonieren**
>
> das Festnetztelefon (-e)
> das Mobiltelefon (-e)/das Handy (-s)
> die Videokonferenz (-en)
> das Auslandstelefonat (-e)

Abschnitt B

Übungen

1 Lebenslauf

Welches Wort passt am besten? Ordnen Sie bitte zu.

> Realschulabschluss – Werdegang – Abitur –
> Gymnasium – Praktikum – ~~Grundschule~~ –
> Besondere Kenntnisse – Lehre

a Am Anfang gehen alle Kinder in diese Schule:
die *Grundschule*.

b Wenn man einen Beruf lernt, zum Beispiel
Bäcker oder Automechaniker:
die _____.

c Wenn man an der Universität studieren
möchte, geht man meistens auf diese Schule:
das _____.

d Man bekommt diesen Abschluss, wenn man die
Realschule besucht:
den _____.

e Man braucht diesen Abschluss, wenn man
studieren will:
das _____.

f Wenn man für kurze Zeit während der Schule
oder der Universität arbeitet:
das _____.

g Der Lebenslauf zwischen Grundschule und was
man jetzt macht:
der _____.

h Wenn man zum Beispiel Fremdsprachen
spricht oder gut mit dem Computer arbeiten
kann:
_____.

2 Welches Wort passt nicht?

a Nationalität: *deutsch, spanisch, ~~Franzose~~, polnisch*

b Familienstand: *verheiratet, ledig, arbeitslos,
geschieden*

c Schule: *Gymnasium, Grundschule, Universität,
Realschule*

d Schulabschluss: *Abitur, Lehre, Realschulabschluss*

e Lehre: *Bankkauffrau, Tischlerin, Bäckerin, Lehrerin*

f Studium: *Geschichte, Journalistik, Automechaniker,
BWL*

g Beruf: *Student, Journalist, Designer, Arzt*

h Besondere Kenntnisse: *Englisch fließend, gute
Chancen, gute Chinesischkenntnisse, gute
Computerkenntnisse*

3 Marcus Hirschmann erzählt über sein Leben

Setzen Sie die Verben ins Perfekt.

a Von 1990 bis 1994 *bin* ich in Hannover in die
Grundschule *gegangen*. (gehen)

b 1994 *sind* meine Eltern nach Stuttgart
_____. (ziehen)

c Dort _____ ich dann das Goethe-Gymnasium
_____. (besuchen)

d 2003 _____ ich das Abitur _____.
(machen)

e Nach der Schule _____ ich gleich mit dem
Studium _____. (anfangen)

f Von 2003 bis 2006 _____ ich BWL in
Heidelberg _____. (studieren)

g Im Sommersemester 2005 _____ ich für ein
halbes Jahr als Austauschstudent in den USA
_____. (sein)

h Dort _____ ich sehr gut Englisch
_____. (lernen)

i Nach meinem Bachelor im Jahre 2006 _____
ich gleich eine Arbeit bei einer multinationalen
Bank in Frankfurt _____. (finden)

Grammatik

1 Zwei Porträts

Ergänzen Sie, bitte.

> Von – auf – Nach – nach – nach – nach – bei – bei – Seit – seit – ~~in~~ – in – in – in – in – in – in – an – bis

i Konrad Bayer, Ingenieur, lebt in München
Er ist 1957 **1** *in* Berlin geboren. Dort ist er auch **2**_____ die Grundschule und dann **3**_____ die Realschule gegangen. Gleich **4**_____ der Schule hat er eine Lehre **5**_____ Siemens angefangen. Anschließend hat er eine Arbeit **6**_____ München gefunden und ist **7**_____

München gezogen. Er lebt nun **8**_____ mehr als 25 Jahren **9**_____ München.

ii Magda Cernak, lebt und arbeitet in London
Sie ist 1988 **1**_____ Wuppertal geboren. **2**_____ 1992 **3**_____ 1996 ist sie **4**_____ die Grundschule und dann **5**_____ das Albert-Einstein-Gymnasium gegangen. **6**_____ dem Abitur ist sie **7**_____ London gezogen und hat dort **8**_____ der University of Westminster studiert. **9**_____ 2007 arbeitet sie **10**_____ Amnesty International.

2 Was haben Sie gemacht?

Beantworten Sie die Fragen. Benutzen Sie die Informationen in den Klammern.

a Wann sind Sie geboren? (1984)
Ich bin 1984 geboren.

b Wo sind Sie geboren? (in Hamburg)

_____

c Wann sind Sie in die Grundschule gegangen? (mit 6 Jahren)

_____

d Was haben Sie nach der Grundschule gemacht? (aufs Gymnasium wechseln)

_____

e Haben Sie Abitur gemacht? (ja, 2003)

_____

f Was haben Sie nach dem Abitur gemacht? (6 Monate in den USA leben)

_____

g Haben Sie studiert? (ja, Informatik in Aachen)

_____

h Wann haben Sie Ihren Abschluss gemacht? (2007)

_____

i Wo arbeiten Sie im Moment? (seit 2008 bei RTL in Hamburg)

_____

Mehr Vokabeln

Lebenslauf

in der Schule	ein Schüler/eine Schülerin
in der Lehre	ein Azubi/eine Azubi (ein Auszubildender/eine Auszubildende)
an der Uni	ein Student/eine Studentin
im Praktikum	ein Praktikant/eine Praktikantin

Abschnitt C

Übungen

1 Puzzle – Thema: Deutschland, Österreich, Schweiz

Finden Sie die Länder- und Städtenamen im Puzzle. Die meisten Namen sind bekannt; ein paar Namen sind nicht so bekannt. Wir haben 25 gefunden.

S	H	A	D	S	W	Ö	H	A	L	L	E	B	U
A	A	N	R	C	O	S	Ü	D	T	I	R	O	L
L	M	Ü	E	H	R	T	N	J	E	N	A	N	M
Z	B	R	S	W	M	E	G	R	A	Z	I	N	T
B	U	N	D	E	S	R	E	P	U	B	L	I	K
U	R	B	E	I	B	R	E	M	E	N	K	L	Ö
R	G	E	N	Z	E	E	B	E	R	L	I	N	L
G	E	R	A	N	R	I	T	B	A	Y	E	R	N
B	I	G	M	Ü	N	C	H	E	N	S	L	O	I
A	Z	Ü	R	I	C	H	W	I	E	N	T	A	N

2 Deutschland, Österreich und die Schweiz

Ergänzen Sie den Text.

Bekannt – Hauptstadt – Regionen – Städte – Muttersprache – Arzneimittel – Gesellschaft – Einwohner – Wiedervereinigung – Sehenswürdigkeiten – Ausländer – Ländern

In Deutschland, Österreich und der deutschen Schweiz spricht man Deutsch als **1** _Muttersprache_. Man spricht Deutsch aber auch in anderen **2** _____ und Provinzen, zum Beispiel in Südtirol, Italien.

Von den drei **3** _____ ist die Schweiz am kleinsten. Die **4** _____ ist Bern. **5** _____ ist die Schweiz für ihre Berge, Uhren und **6** _____ .

Österreich hat 8,1 Millionen
7_____. Die Hauptstadt ist Wien.
Dort gibt es viele **8**_____, wie zum
Beispiel das Schloss Schönbrunn oder die
Hofburg.

Seit der **9**_____ 1989 ist Berlin die

Hauptstadt von Deutschland. Bekannte
10_____ in Deutschland sind auch
Hamburg, München und Frankfurt. In
Deutschland leben sehr viele
11_____. Deutschland ist schon
längst eine multikulturelle
12_____.

3 Mehr über Deutschland

Sehen Sie sich bitte die Karte an und beantworten Sie die Fragen.

a Wie viele Nachbarländer hat Deutschland?

b Wie heißen die Nachbarländer?
   Deutschland hat 16 Bundesländer (siehe Mehr
   Vokabeln, Seite 123).

c Wie heißen die drei Bundesländer im Norden?

d Wie heißen die zwei Bundesländer im Süden?

e Welches Bundesland ist am größten?

f Wie heißt die Hauptstadt von Niedersachsen?

g Wie heißt die Hauptstadt von Bayern?

h In welchem Bundesland liegt Frankfurt am
   Main?

i In welchem Bundesland liegt Köln?

j Welcher Fluss fließt durch Hamburg?

k Welcher Fluss fließt durch Köln?

l Wie heißen die zwei Meere im Norden?

m Wie heißt das Gebirge im Süden?

1	Dänemark	6	die Schweiz
2	die Niederlande	7	Österreich
3	Belgien	8	die Tschechische Republik
4	Luxemburg	9	Polen
5	Frankreich		

Grammatik

> ### Dass-Sätze
>
> **Bei dass-Sätzen steht das Verb am Ende:**
>
> Ich denke, *dass* er morgen *kommt*.
> Ich glaube, *dass* Bern die Hauptstadt von der Schweiz *ist*.
>
> Wenn es zwei Verben gibt, steht oft ein Hilfsverb wie *haben/sein* oder ein *Modalverb* am Ende:
> Ich glaube, *dass* Boris in Berlin gewohnt *hat*.
> Ich denke, *dass* er gut schwimmen *kann*.
>
> **Achtung!**
> Vor *dass* steht immer ein Komma.

1 Was denken die Leute?

Sagen Sie es komplizierter. Benutzen Sie *dass*.

a Ich denke, Berlin ist eine interessante Stadt.
Ich denke, dass Berlin eine interessante Stadt ist.

b Viele Leute glauben, die Deutschen haben keinen Humor.
Viele Leute glauben, dass

_____.

c Peter denkt, viele Leute in Österreich sind konservativ.
Peter denkt, dass

_____.

d Viele Leute denken, ein wenig Alkohol ist gut für die Gesundheit.
Viele Leute denken,

_____.

e Ich glaube, morgen scheint die Sonne.

_____

f Svenja sagt, sie will mehr Sport machen.

_____

g Corinna sagt, sie hat früher in Barcelona gelebt.

_____

h Jörg denkt, man kann in Bayern gut Urlaub machen.

_____

2 Was denken Sie?

Beantworten Sie die Fragen mit entweder *Ja, ...* oder *Nein, ...* Benutzen Sie *dass*. Schreiben Sie zuerst und sprechen Sie dann.

Beispiel
Denken Sie, dass die Schweiz ein teures Land ist? →
Ja, ich denke, dass die Schweiz ein teures Land ist. / Nein, ich denke nicht, dass die Schweiz ein teures Land ist.

a Denken Sie, dass die Deutschen viel Bier trinken?

_____

b Glauben Sie, dass *Harry Potter* ein gutes Buch ist?

_____

c Glauben Sie, dass Madonna eine gute Sängerin ist?

_____

d Glauben Sie, dass Sie gesund leben?

_____

e Denken Sie, dass Sie topfit sind?

_____

f Denken Sie, dass man in Deutschland viel für die Umwelt tut?

_____

g Denken Sie, dass Deutsch eine schwere Sprache ist?

_____

Mehr Vokabeln

> **Die 16 Bundesländer**
>
> Baden-Württemberg
> Bayern
> Berlin
> Brandenburg
> Bremen
> Hamburg
> Hessen
> Mecklenburg-Vorpommern
> Niedersachsen
> Nordrhein-Westfalen
> Rheinland-Pfalz
> Saarland
> Sachsen
> Sachsen-Anhalt
> Schleswig-Holstein
> Thüringen

Abschnitt D

Übungen

1 Wie heißen die Wörter?

a Die Sprache, die man als Kind lernt:
die M_ t_erspra_he.

b Eine andere Sprache, die man lernt:
die Fr_mdsp_ _ che.

c Die Regeln in einer Sprache:
die Gra_ mati _.

d Die vier *Fertigkeiten*:
Lesen, Hören, Schr_ _ben, Spr_chen.

e Der, die, das:
die _r_ik_ _.

f Alle Nomen haben einen großen Buchstaben:
die Gr_ßschreib_ng.

g Ist heute die Weltsprache Nummer 1:
E_gl_s_h.

h Wo man Deutsch lernen kann:
in einem _pra_h_urs.

2 Grammatik

Welches Wort passt?

> Possessivpronomen – Adjektive – Nomen –
> trennbare Verben – Präpositionen – Artikel –
> Geschlecht – ~~Personalpronomen~~ –
> Konjunktionen – Modalverben

a *Personalpronomen*: ich, du, er, sie, es, wir, etc.

b _____: der, die, das

c _____: anfangen, aufstehen,
einkaufen etc.

d _____: können, müssen,
sollen, dürfen, wollen

e _____: in, an, auf, mit, von, zu
etc.

f _____: männlich, weiblich,
sächlich

g _____: Telefonnummer, Auto,
Philosophie etc.

h _____: groß, klein, schön,
neu etc.

i _____: mein, dein, Ihre,
unsere etc.

j _____: und, denn, wenn,
dass etc.

3 Ist Deutsch einfach (✓) oder schwierig (✗)?

Was meinen die Leute?

a Im Englischen gibt es kein ö, ü oder ä und es
gibt auch nur einen Artikel. Die deutsche
Sprache hat aber drei Artikel (der, die, das). (✗)

b In der deutschen Alltagssprache braucht man
eigentlich nur zwei Zeitformen – das Präsens
und das Perfekt. Das ist super. (__)

c Das Geschlecht eines deutschen Wortes ist
nicht immer logisch. Zum Beispiel: *die Tür*.
Warum ist *Tür* weiblich? (__)

d Die deutsche Grammatik ist schon wirklich kompliziert. Es gibt nur wenige Regeln. (___)

e Die Wortstellung ist sehr flexibel und einfacher als im Englischen. Zum Beispiel: Ich fahre mit dem Bus zur Arbeit. / Mit dem Bus fahre ich zur Arbeit. / Zur Arbeit fahre ich mit dem Bus. (___)

f Für das Geschlecht eines Nomens gibt es oft Regeln. Wörter auf -ung sind zum Beispiel weiblich, wie *die Zeitung*. (___)

Grammatik

Konjunktionen

Es gibt zwei Hauptgruppen von Konjunktionen:

1 **und, aber, oder, denn, sondern**
Bei diesen Konjunktionen ist das Verb das 2. Element:

(0)	(1)	(2)
Er kommt aus Berlin, aber	er	*wohnt* jetzt in Wien.

(0)	(1)	(2)
Er ...	denn ...	ist

Er fährt mit dem Bus, denn sein Auto *ist* kaputt.

2 Konjunktionen wie *wenn* und *dass*
Bei diesen Konjunktionen geht das Verb ans Ende:

Es ist gesund, wenn man regelmäßig *joggt*.
Ich denke, dass Englisch die Weltsprache *ist*.

Andere Konjunktionen wie *wenn* und *dass* sind *weil* (because) und *obwohl* (although):

Ich lerne Deutsch, *weil* ich oft nach Berlin *fahre*.
Er beantwortet die E-Mails, *obwohl* er nicht im Büro *ist*.

Wenn es zwei Verben gibt, steht ein *Hilfsverb* wie *haben/sein* oder ein *Modalverb* am Ende:

Ich denke, dass sie früher bei Puma gearbeitet *hat*.
Er lernt Deutsch, weil er in Hamburg leben *will*.

---

1 Konjunktionen

Ergänzen Sie.

---
obwohl – wenn – und – aber – oder – weil – denn – dass
---

a Die meisten Leute sind nett _____ helfen mir.

b Deutsch ist nicht so schwer, _____ es gibt viele Regeln.

c Ich bin zwar nicht perfekt, _____ ich kann fast alles verstehen.

d Man kann Deutsch schnell lernen, _____ man jeden Tag lernt.

e Sie spricht nicht so viel Spanisch, _____ ihre Eltern aus Spanien kommen.

f Geht er in eine Sprachschule _____ macht er einen Onlinekurs?

g Viele Leute denken, _____ Fremdsprachen heute sehr wichtig sind.

h Er lernt jetzt Deutsch, _____ er in Berlin studieren möchte.

2 Warum lernen die Leute Deutsch?

Benutzen Sie *weil*.

Beispiel
Sharan – ihr Partner kommt aus Zürich. →
Sharan lernt Deutsch, weil ihr Partner aus Zürich kommt.

i

a Paul – er fährt oft geschäftlich nach Frankfurt.
Paul lernt Deutsch, weil er

_____.

b Susanna – sie liebt die Musik von Mozart und Beethoven.
Susanna lernt Deutsch, weil

_____.

c Richard – er lernt gern Sprachen.

Richard lernt Deutsch, _____.

d Carlo – es ist gut für seine Karriere.

_____

e Myriam – sie findet die deutsche Sprache sehr schön.

Myriam _____.

f Magda – sie möchte in Österreich arbeiten.

_____

g Blanca und Robin – sie wollen in Deutschland Urlaub machen.

_____

ii

Und Sie? Warum lernen Sie Deutsch?

Und zum Schluss

 1 Sprechen

a Aus welchem Land kommen Sie?

b Wie viele Einwohner hat Ihr Land?

c Welche Sprache(n) spricht man dort?

d Wie heißt die Hauptstadt?

e Was für andere Städte gibt es?

f Wofür ist Ihr Land bekannt?

g Wo sind Sie geboren?

h Wann sind Sie geboren?

i Wo sind Sie in die Schule gegangen?

j Wann haben Sie Ihren Schulabschluss gemacht?

k Was haben Sie nach der Schule gemacht?

Haben Sie eine Lehre gemacht?

Haben Sie gleich studiert?

Haben Sie gleich gearbeitet?

Haben Sie etwas anderes gemacht?

l Was machen Sie im Moment? Studieren Sie? Arbeiten Sie?

m Wie lange lernen Sie schon Deutsch?

n Warum lernen Sie Deutsch?

o Glauben Sie, dass Deutsch eine schwere Sprache ist?

p Sind Sie schon einmal in Deutschland, Österreich oder in der Schweiz gewesen?

q Möchten Sie Deutschland, Österreich oder die Schweiz bald besuchen?

 2 Lesen

Südtirol

Lesen Sie den Text und beantworten Sie die Fragen auf der Seite 126.

Südtirol ist die nördlichste Provinz Italiens und heißt offiziell Autonome Provinz Bozen. Zusammen mit der Provinz Trentino bildet Südtirol die autonome Region Trentino-Südtirol.

Die Hauptstadt von Südtirol ist Bozen oder Bolzano, wie sie auf Italienisch heißt. Die Provinz hat etwa eine halbe Million Einwohner. Fast 70 Prozent der Einwohner sprechen Deutsch als Muttersprache. Ungefähr ein Viertel spricht als Muttersprache Italienisch und etwa 4 Prozent Ladinisch.

Deutsch und Italienisch sind die offiziellen Sprachen oder „Amtssprachen" Südtirols. Ladinisch ist nur in einigen Landesteilen Amtssprache. Alle Mitarbeiter von öffentlichen Ämtern müssen Deutsch und Italienisch können. In Gemeinden mit ladinischer Bevölkerung müssen sie sogar drei Sprachen können.

Auch wenn man Deutsch oder Ladinisch als Muttersprache hat, ist man Staatsbürger Italiens. In den letzten Jahren ist der Prozentsatz der muttersprachlich deutschen und ladinischen Menschen angestiegen. Der italienische Anteil ist dagegen leicht zurückgegangen.

Im Westen grenzt Südtirol an den Kanton Graubünden in der Schweiz, im Norden und Osten an die österreichischen Bundesländer Tirol und Salzburg. Im Süden verläuft die Grenze zu den anderen italienischen Provinzen.

Der bekannteste Übergang nach Österreich ist der Brennerpass, eine wichtige Nord-Süd-Verbindung über die Alpen. An den Grenzen Südtirols zu Österreich gibt es keine Grenzkontrollen mehr. Auch die Währung ist seit der Euro-Einführung 2002 auf beiden Seiten der Brennergrenze die gleiche.

Sind die folgenden Aussagen richtig oder falsch? Korrigieren Sie die falschen Aussagen.

a Südtirol ist der offizielle Name für eine Region in Italien.

b Die Hauptstadt Südtirols hat zwei Namen – Bozen oder Bolzano.

c Fast die Hälfte der Einwohner Südtirols spricht Deutsch als Muttersprache.

d Alle Mitarbeiter von öffentlichen Ämtern müssen entweder Deutsch oder Italienisch können.

e Seit einigen Jahren sprechen immer mehr Leute in Südtirol Deutsch als Muttersprache, ...

f ... aber immer mehr Leute sprechen auch Italienisch.

g Im Norden und Osten grenzt Südtirol an Deutschland.

h Der Brennerpass ist eine wichtige Nord-Süd-Verbindung über die Alpen.

i An den Grenzen zwischen Südtirol und Österreich muss man den Pass vorzeigen.

j Die offizielle Währung in Südtirol ist der Euro.

Key to exercises

Lektion 1

Abschnitt A

Übungen
1 1 = g; 2 = d; 3 = e; 4 = b; 5 = c; 6 = a; 7 = f.
2 a (f); **b** (inf); **c** (inf); **d** (f); **e** (inf); **f** (f).
3 a *heißen*; **b** du; **c** Name; **d** Ich; **e** wie; **f** Tag, ist; **g** Sie, heißen.

Grammatik
1 a du; **b** ist Ihr; **c** Wie – Sie; **d** Wie – du; **e** heißen Sie; **f** Wie – dein Name.

Abschnitt B

Übungen
1 a Guten *T*ag. **b** Guten **M**orgen. **c** Gu**t**en **A**bend. **d** **H**allo. **e** Auf **W**ieder**s**ehen. **f** **T**schüss.
2

	Guten Morgen	Guten Tag	Guten Abend	Gute Nacht
14.00		✓		
08.00	✓			
23.00				✓
10.00	✓	✓		
18.30		✓	✓	

Grammatik
1 a Gute Nacht. **b** Auf Wiedersehen. **c** Ich heiße Anna. **d** Guten Morgen, Frau Matussek. **e** Mein Name ist Tim. **f** Wie ist Ihr Name? **g** Wie heißen Sie? **h** Wie ist dein Name?

Abschnitte C & D

Übungen
1 1 = *eins*; 2 = zwei; 3 = drei; 4 = vier; 5 = fünf; 6 = sechs; 7 = sieben; 8 = acht; 9 = neun; 10 = zehn.
2 a *sieben*; **b** drei; **c** neun; **d** neun; **e** zwei; **f** neun; **g** zwei; **h** sechs.

3 a *Nummer eins ist London. London hat sieben Komma sechs Millionen Einwohner.* **b** Nummer zwei ist Berlin. Berlin hat drei Komma vier Millionen Einwohner. **c** Nummer drei ist Madrid. Madrid hat drei Komma zwei Millionen Einwohner. **d** Nummer vier ist Athen. Athen hat drei Komma eins Millionen Einwohner. **e** Nummer fünf ist Rom. Rom hat zwei Komma sieben Millionen Einwohner. **f** Nummer sechs ist Paris. Paris hat zwei Komma zwei Millionen Einwohner. **g** Nummer sieben ist Lissabon. Lissabon hat eins Komma acht Millionen Einwohner. **h** Nummer acht ist Hamburg. Hamburg hat eins Komma sieben Millionen Einwohner.

Grammatik
1 a m**ei**n; **b** Nam**e**; **c** wi**e**; **d** heiß**e**n; **e** b**i**tte; **f** i**c**h; **g** Sie; **h** d**u**; **i** Telefon**n**umm**e**r; **j** Handynumm**e**r.
2 a ist: p – e – t – e – r – s – c – h – m – i – t – t „at" web Punkt d – e. **b** ist: s – u – s – i – m – a – u – s – zwei „at" g – m – x Punkt d – e. **c** ist: m Punkt w – i – c – h – m – a – n – n acht „at" yahoo Punkt d – e. **d** ist: a – x – e – l – m – u – s – k – e – l – m – a – n – n „at" web Punkt d – e. **e** ist: i Punkt k – r – e – u – z – e – r „at" alpha Punkt com. **f** ist: f – r – a – n – k – d – e – r – b – a – e – r „at" yahoo Punkt d – e.

Abschnitt E

Übungen
1 a *komme – wohne*; **b** Name – komme – Dänemark – ich; **c** Türkei – jetzt; **d** komme – aus – in.
2 1 = d; 2 = e; 3 = b; 4 = a; 5 = c; 6 = f.
3 a Wie; **b** Woher; **c** wo; **d** Wie; **e** wie; **f** Wo; **g** woher; **h** Wie.

Grammatik
1 i a heiß**t** – heiß**e**; **b** komm**st** – komm**e**; **c** wohn**st** – wohn**e**; **d** studier**st** – studier**e**; **e** trink**st** – trink**e**; **f** hör**st** – hör**e**.
ii a heiß**en** – heiß**e**; **b** komm**en** – komm**e**; **c** wohn**en** – wohn**e**; **d** studier**en** – studier**e** – arbeit**e**; **e** hör**en** – hör**en**.
2 1 *heiße*; 2 komme; 3 wohne; 4 studiere; 5 arbeite; 6 höre.
3 Sample answers Hallo, ich heiße *Peter Smith*. Ich komme *aus Newcastle*. Ich wohne *jetzt in Liverpool*. Meine Telefonnummer ist *0151-549873* und meine Handynummer ist *07711-843290*. Ich arbeite bei *Barclays*. Ich höre *Beyoncé und Justin Timberlake*.

Und zum Schluss

1 Sample answers a Guten Tag. **b** Ich heiße *Samuel Zuckermann*. **c** *Z – U – C – K – E – R – M – A – N – N*. **d** Ich komme aus *Wien*. **e** Ich wohne jetzt in *Manchester*. **f** Meine Telefonnummer ist *01616 648571*. **g** Meine Handynummer ist *07798 483219*. **h** Meine E-Mail-Adresse ist *s.zuckermann@jaymail.co.uk*. **i** Ich arbeite bei *der BBC in Manchester*. **j** Ich höre *afrikanische Musik*.
2 Text A Gut(en); Tag; aus; entschuldigen; bitte; aber; er; sie; ja; wiedersehen; liegen; nein; in; man; Telefon; Frage; klar; und; ist; buchstabieren; Geburtsort; null; wie; neun; da; vier; Adresse(n); Visitenkarte; jetzt; Nummer(n).
Finden Sie noch mehr?
Text B & Text C: Jana Roth a London; **b** Mainz; **c** Jana.Roth@ucl.ac.uk; **d** 07710974563; **e** *Marketing*; **f** Tennis.
Franz Schumacher a München; **b** *Dresden*; **c** franz.schumacher@gmail.de; **d** 01797884351; **e** bei BMW; **f** Fußball und Golf.

Lektion 2

Abschnitt A

Übungen
1
Dialog 1

1	2	3	4	5	6
c	b	f	e	a	d

Dialog 2

1	2	3	4	5	6
d	f	c	a	e	b

2 a dir – Danke; **b** Ihnen – Ausgezeichnet; **c** geht's – nicht; **d** wie – Ihnen.

Grammatik
1 a *dir – gut*; **b** Ihnen – nicht so gut / schlecht; **c** Wie geht es Ihnen? – (so) gut; **d** Wie geht's? – (sehr) gut / prima / ausgezeichnet; **e** Wie geht es Ihnen? – gut.

Abschnitt B

Übungen
1 a *wohnt* – Deutschland; **b** noch – Schweiz; **c** Belgien – dort – Empfangsdame; **d** kommt – in – Österreich – schön.
2 *London – Großbritannien*; Berlin – Deutschland; Moskau – Russland; Athen – Griechenland; Warschau – Polen; Madrid – Spanien; Bern – Schweiz; Lissabon – Portugal; Wien – Österreich; Tallin – Estland; Dublin – Irland; Paris – Frankreich; Ankara – Türkei; Rom – Italien.
3 a Falsch! Champagner kommt nicht aus Belgien. Champagner kommt aus Frankreich. **b** Richtig! Warschau liegt in Polen. **c** Falsch! Pizza kommt nicht aus Spanien. Pizza kommt aus Italien. **d** Falsch! Salzburg liegt nicht in Deutschland. Salzburg liegt in Österreich. **e** Richtig! Sankt Petersburg liegt in Russland. **f** Richtig! Der Eifelturm steht in Frankreich, in Paris. **g** Falsch! Das Brandenburger Tor ist nicht in Österreich, in Wien. Es ist in Deutschland, in Berlin. **h** Falsch! Budapest liegt nicht in der Tschechischen Republik. Es liegt in Ungarn.

Grammatik
1 i a komm**t**; **b** wohn**t**; **c** lieg**t**; **d** hör**t**; **e** spiel**t**.
ii a komm**t**; **b** studier**t**; **c** is**t**; **d** lieb**t**; **e** trink**t** – hör**t**; **f** spiel**t**.
2 a Sie heißt Claudia Meier. Sie komm**t** aus Wien, aber sie **wohnt** jetzt in Berlin. Sie **studiert** Musik. Sie **hört britische Popmusik** und **spielt** Gitarre in einer Band. Sie **liebt** Berlin. **b** Er heißt Manuel Santoz. Er **kommt** aus Spanien, aber er **wohnt** jetzt in Frankfurt. Er ist **Banker bei Santander**. Er **hört** moderne Flamenco-Musik. Er **spielt** Fußball. Er **liebt Deutschland.**

Abschnitt C

Übungen
1 a 24; **b** 32; **c** 47; **d** 39; **e** 72; **f** 67; **g** 95; **h** 88; **i** 93; **j** 26; **k** 62; **l** 94.
2

Westeuropa	Osteuropa	Afrika	Südamerika	Nordamerika	Asien	Australasien
Italien Griechenland Irland Großbritannien Portugal Deutschland Schweiz Spanien Österreich Frankreich	Estland Russland Polen	*Tunesien* Nigerien Südafrika	Chile Argentinien	Kanada USA	*Indien* China Japan	Australien Neuseeland

Grammatik

1 a *zweiundzwanzig*; **b** einunddreißig; **c** fünfundvierzig;
d siebenundfünfzig; **e** dreiundsechzig; **f** achtundsiebzig;
g sechsundachtzig; **h** vierundneunzig; **i** neunundneunzig;
j sechsunddreißig.
2 a Petra Schneider wohnt in Hannover, Bismarckstraße
vierzehn. **b** Anna Kosinska wohnt in Dresden, Berliner Straße
fünfundachtzig. **c** Susi Sonne wohnt in Basel, Stadtweg
sechsunddreißig A. **d** Oli Meyer-Dubois wohnt in München,
Blumenstraße dreiundsiebzig. **e** Leon Winter wohnt in Wien,
Beethovenstraße dreiundzwanzig B. **f** Ayse Dirgen wohnt in
Stuttgart, Steinstraße vier.

Abschnitt D

Übungen

1 a Claudia Scholz; **b** Deutsch; **c** *Berlin*; **d** Hannover;
e Spanisch und Französisch; **f** verheiratet; **g** seit zwei Jahren
bei der Telekom.
2 a arbeitslos; **b** schlecht; **c** Banker; **d** Bayern; **e** Deutscher;
f Auf Wiedersehen.

3

Land	♂ -er / -e	♀ -in	Sprache: (i)sch
Amerika	Amerikaner	**Amerikanerin**	Eng**lisch**
Deutschland	**Deutscher**	Deutsche!	Deutsch
England	Engländer	Engländer**in**	**Englisch**
Italien	Italiener	**Italienerin**	Italien**isch**
Japan	Japaner	Japaner**in**	**Japanisch**
Wales	**Waliser**	Waliser**in**	Eng**lisch** / Walis**isch**
Spanien	**Spanier**	**Spanierin**	Span**isch**
Frankreich	Franzose	Franz**ö**s**in**	**Französisch**
China	**Chinese**	Chines**in**	Chines**isch**
Großbritannien	**Brite**	Brit**in**	Eng**lisch**
Russland	Russe	**Russin**	**Russisch**
Schottland	Schotte	**Schottin**	Eng**lisch** / Gälisch
Türkei	**Türke**	Türk**in**	Türk**isch**

4 a *Deutscher – Deutsch*; **b** Engländer – Englisch;
c Japanerin – Japanisch; **d** Polin –Polnisch;
e Franzose – Französisch; **f** Schotte – Englisch / Gälisch;
g Spanierin – Spanisch.

Grammatik (1)

1 ich → *arbeite*   komme   spreche   wohne
Sie → arbeit**en**   komm**en**   sprech**en**   wohn**en**
du → arbeit**est**   komm**st**   *sprichst*   wohn**st**
er, sie, es → arbeit**et**   komm**t**   sprich**t**   wohn**t**
2 i a heiße; **b** wohne; **c** spreche; **d** Sprichst; **e** kommt –
komm**t**; **f** arbeit**et**; **g** spr**icht**.
ii a b**in**; **b** S**ind**; **c** i**st** – i**st d** b**in**; **e** i**st**; **f** B**ist**; **g** S**ind**.

Grammatik (2)

1 1 = g; 2 = e; 3 = i; 4 = c; 5 = h; 6 = b; 7 = a; 8 = f; 9 = d.
2 i a Wie heißen Sie? **b** Wo wohnen Sie? **c** Wie ist Ihre
Adresse? **d** Sind Sie Französin / Italienerin / Türkin usw.?
e Welche Sprachen sprechen Sie? **f** Sind Sie verheiratet?
g Wo arbeiten Sie?
ii a *Wie heißt du?* **b** Wo wohnst du? **c** Wie ist deine Adresse?
d Bist du Französin / Italienerin / Türkin usw.? **e** Welche
Sprachen sprichst du? **f** Bist du verheiratet? **g** Wo arbeitest
du?

Und zum Schluss

1 Sample answers: a Guten Tag. Mir geht es *sehr gut, danke*.
b Ich heiße *Ian McDonald. M – C – D – O – N – A – L – D*.
c Nein, ich bin *Schotte*. **d** Ich komme *aus Inverness*. **e** Ich
wohne jetzt *in Birmingham*. **f** Meine Adresse ist *78, Queens
Street, Birmingham B44 8NS*. **g** Ja, ich spreche *ein bisschen
Japanisch*. **h** Ich spreche *Englisch, ein bisschen Deutsch und auch
ein bisschen Japanisch*. **i** Nein, ich bin *geschieden*. **j** Ich arbeite

bei HBOS hier in Birmingham. **k** Meine E-Mail-Adresse ist *ian.mcdonald14@aol.com.* **l** Meine Handynummer ist *07723 954281.*
2 a iii; **b** i; **c** ii; **d** iii; **e** ii; **f** ii; **g** i; **h** ii; **i** iv.

Lektion 3

Abschnitt A

Übungen
1 a *ein Hotel*; **b** eine Bank; **c** ein Weihnachtsmarkt; **d** ein Biergarten; **e** eine Bäckerei; **f** ein Café; **g** eine Kneipe; **h** ein Bahnhof; **i** ein Kino; **j** eine Kirche.
2 a *das Hotel*; **b** die Bank; **c** der Weihnachtsmarkt; **d** der Biergarten; **e** die Bäckerei; **f** das Café; **g** die Kneipe; **h** der Bahnhof; **i** das Kino; **j** die Kirche.

Grammatik (1)
1 der: *Name*; Geburtsort; Wohnort; Bahnhof; Biergarten; Weihnachtsmarkt; Mann.
die: *Telefonnnummer*, *Faxnummer*; Handynummer; *Arbeit*; Sprache; *Visitenkarte*; *Adresse*; *Empfangsdame*; Frau; Woche; Kneipe; Kirche; Sprachschule.
das: *Kino*; *Hotel*; *Zentrum*; Café; Bier.
2 a Das ist **ein** Hotel. **Das** Hotel heißt Hotel Adler. **Das** Hotel ist in Celle. Celle ist **eine** Stadt in Norddeutschland. **Das** Hotel ist sehr alt. **b Die** Kirche heißt Gedächtniskirche. **Die** Gedächtniskirche ist **eine** Kirche in Berlin. Berlin ist **die** Hauptstadt von Deutschland. Es ist **eine** alte Kirche im Zentrum von Berlin. **c** Das ist **eine** Bank. **Die** Bank heißt Deutsche Bank. **Die** Deutsche Bank ist sehr groß. **d** Das ist **der** Paulaner Biergarten in München. München ist **eine** Stadt in Süddeutschland und es ist **die** Hauptstadt von Bayern. Der Paulaner Biergarten ist **ein** Biergarten in München. München hat viele Biergärten. **e** Das ist **eine** Sprachschule. **Die** Sprachschule heißt Eurotalk und ist in Hamburg. Hamburg ist **eine** Hafenstadt. **Die** Stadt ist groß und hat 1,7 Millionen Einwohner.

Grammatik (2)
1 a Mein; **b** meine; **c** Meine; **d** Meine; **e** Mein; **f** Meine; **g** mein.

Abschnitt B

Übungen
1 Maurer; Hausfrau; Taxifahrer; Automechaniker; Sekretärin; Kellner; Banker; Student; Journalistin; *Verkäuferin*; Kaufmann; Koch; Ärztin; *Kundenberater*; Designerin; Musiker; Tischler; Friseurin.
2 1 = d; 2 = f; 3 = a; 4 = h; 5 = g; 6 = i; 7 = e; 8 = c; 9 = b.
3 1 Deutsch; **2** heiße; **3** großartig; **4** Deutscher; **5** meine; **6** Engländerin; **7** seit; **8** Beruf; **9** Tischler.

Grammatik
1 a *Ingenieurin*; **b** Kundenberaterin; **c** Managerin; **d** Kellnerin; **e** Journalistin; **f** Taxifahrerin; **g** Busfahrerin; **h** Verkäuferin; **i** Designerin; **j** Friseurin; **k** Ärztin; **l** Köchin; **m** Krankenpflegerin; **n** Bankangestellte.
2 a *Ich bin PC-Techniker.* **b** Ich arbeite bei Toshiba. **c** Ich arbeite seit 5 Jahren dort. **d** Ja, sie ist Englischlehrerin. **e** Nein, sie ist Irin. **f** Sie lebt schon seit 15 Jahren in Deutschland.

Abschnitt C

Übungen
1 a *Anglistik*; **b** Mathematik; **c** BWL; **d** Romanistik; **e** Physik; **f** Informatik.
2 a *Studenten*; **b** Politik; **c** Heidelberg; **d** seit; **e** interessant; **f** langweilig; **g** Wohnung –Stadtzentrum.

Grammatik (1)
1 i a machen; **b** arbeit**en**; **c** hör**en**; **d** s**ind**.
ii a heiß**en**; **b** hör**en**; **c** s**ind**; **d** s**ind**.
iii a heiß**t**; **b** komm**t**; **c** wohn**t**; **d** arbeit**et**; **e** Sprech**t**; **f** Trink**t**; **g** Hab**t**; **h** S**eid**.
iv a komm**en**; **b** wohn**en** – studier**en**; **c** spiel**en** – hör**en**; **d** arbeit**en**; **e** arbeit**et** – arbeit**et**.
2 a *Wie heißt ihr?* **b** Woher kommt ihr? **c** Wo liegt Warnemünde? **d** Seid ihr beide Studenten? **e** Was studiert ihr? **f** Wo studiert ihr? **g** Seit wann / Wie lange studiert ihr? **h** Ist es interessant?

Grammatik (2)
1 87   siebenundachtzig
113   einhundertdreizehn
230   zweihundertdreißig
647   sechshundertsiebenundvierzig
926   neunhundertsechsundzwanzig
1482   eintausendvierhundertzweiundachtzig
2588   zweitausendfünfhundertachtundachtzig
26419   sechsundzwanzigtausendvier-hundertneunzehn
2 140 = (ein)hundertvierzig
180 = (ein)hundertachtzig
219 = zweihundertneunzehn
690 = sechshundertneunzig
742 = siebenhundertzweiundvierzig
955 = neunhundertfünfundfünfzig
1450 = (ein)tausendvierhundertfünfzig/ vierzehnhundertfünfzig
12322 = zwölftausenddreihundertzweiundzwanzig
27895 = siebenundzwanzigtausendachthundert-fünfundneunzig
3 a Die Freie Universität Berlin hat *einunddreißigtausendsechshundertsiebenunddreißig Studenten.*
b Die Humbold Universität zu Berlin hat vierunddreißigtausendsechshundertzwölf Studenten. **c** Die

Universität Hamburg hat fünfunddreißigtausendfünfhundert siebenundachtzig Studenten. **d** Die Universität zu Köln hat zweiundvierzigtausendundzwanzig Studenten. **e** Die Universität Leipzig hat neunundzwanzigtausend neunundzwanzig Studenten. **f** Die Technische Universität Dresden hat fünfunddreißigtausend(ein)hundertdreiunddreißig Studenten.

Und zum Schluss

1 Sample answers: a Guten Tag. **b** Mir geht's *nicht schlecht.* **c** Mein Name ist *Lucas Baumann.* **d** Ich komme *aus Bahlingen.* **e** Bahlingen liegt *nicht weit von Freiburg.* **f** Die Stadt ist *sehr alt, schön und klein.* **g** Ich *studiere / bin Student.* **h** Ich studiere *Psychologie.* **i** Ich studiere *in Freiburg.* **j** Ich studiere *seit 2009.* **k** Ich finde mein Studium *sehr interessant.*
2 a i; **b** ii; **c** ii; **d** ii; **e** i; **f** i; **g** ii.

Lektion 4

Abschnitt A

Übungen
1 1 = g; 2 = e; 3 = f; 4 = i; 5 = j; 6 = d; 7 = a; 8 = c; 9 = h; 10 = b.
2

	eine CD	eine SMS	Bier	Sushi	ein Buch
kaufen	✓		✓	✓	✓
hören	✓				
essen				✓	
schreiben		✓			✓
trinken			✓		
lesen		✓			✓
spielen	✓				

Grammatik
1 i a spreche; **b** spricht; **c** sprechen; **d** Sprecht.
ii a lese; **b** Liest; **c** liest; **d** Lest.
iii a esse; **b** Isst; **c** isst; **d** Essen.
2 1 lese; 2 Liest; 3 sprichst; 4 Sprichst; 5 spreche; 6 sprechen; 7 isst; 8 esse; 9 essen.

Abschnitt B

Übungen
1 1 *Tag;* **2** Umfrage; **3** Ihr; **4** mein; **5** fotografiere; **6** haben; **7** Joggen; **8** nicht; **9** spiele; **10** Fitnesscenter; **11** Karate.
2

	spielen	machen
Fußball	✓	
Tai-Chi		✓
Yoga		✓
Rugby	✓	
Badminton	✓	
Karate		✓
Jiu-Jitsu		✓
Golf	✓	
Basketball	✓	
Nordic-Walking		✓
Gitarre	✓	

3 a fotografiere; **b** schwimme; **c** reise; **d** surfe; **e** jogge; **f** spiele; **g** koche; **h** mache.

Grammatik
1 a *Marion isst gern Pizza.* **b** Sie trinkt gern Wein. **c** Sie liest gern. **d** Sie reist gern. **e** *Sie spielt nicht gern Tennis.* **f** Sie spielt nicht gern Fußball. **g** Sie geht gern ins Kino. **h** Sie fotografiert gern. **i** Sie schwimmt nicht gern. **j** Sie kocht nicht gern. **k** Sie macht gern Yoga.

Abschnitt C

Übungen
1 a *Buch;* **b** Sprache; **c** Beruf; **d** Wassersport; **e** Hobby; **f** Musik; **g** Stadt.
2 a *klasse;* **b** doof; **c** langweilig; **d** schön; **e** interessant; **f** fantastisch.

Grammatik
1 a Er mag klassische Musik. **b** Magst du Schach? **c** Ich mag die Süddeutsche Zeitung. **d** Er mag Nordic-Walking. **e** Sie mag Sushi.

Abschnitt D

Übungen

1 Familie; Sohn; Bruder; Tante; *Schwiegermutter;* Vater; Nichte; Katze; Enkelkind / Kind; Partner; Schwager; *Schwester,* Tochter; Großmutter / Mutter; Verlobte(r); Hund; Onkel; Schwägerin.
2 a die Mutter; **b** die Tochter; **c** die Schwester; **d** die Großmutter; **e** die Oma; **f** die Tante; **g** *die Cousine;* **h** die Schwiegertochter; **i** die Enkeltochter; **j** *die Nichte.*

Grammatik (1)

1 i a *Sein;* **b** seine; **c** seine; **d** Sein – seine; **e** sein.
ii a *Ihr;* **b** Ihr; **c** Ihre – ihr; **d** Ihre; **e** ihre.
2 1 deine; **2** Ihr; **3** dein; **4** dein; **5** Mein; **6** seine.

Grammatik (2)

1 a *Handynummern;* **b** Telefonnummern; **c** Schwestern; **d** Mutter; **e** Väter; **f** Töchter; **g** Namen; **h** Adressen; **i** Visitenkarten; **j** Sprache; **k** Katzen; **l** Kirchen; **m** Kneipen; **n** *Studentinnen;* **o** Verkäuferinnen; **p** Ärztinnen; **q** Engländerinnen.
2 a Schwestern; **b** Söhne; **c** Töchter; **d** Sprachen; **e** Ärztinnen; **f** Engländerinnen; **g** Cousinen; **h** Kneipen.

Und zum Schluss

1 Sample answers
a Ja, ich habe ein Hobby. *Ich spiele gern Squash.* **b** Nein, *ich jogge nicht gern.* **c** Ja, *ich gehe gern ins Kino.* **d** Ich lese gern *Krimis.* **e** Ja, *ich arbeite gern am Computer.* **f** Ich esse gern *italienisch.* **g** Ich trinke gern *Mineralwasser und Weißwein.* **h** Ich esse nicht gern *Sushi* und ich trinke nicht gern *Limonade.* **i** Ich finde Sport *langweilig.* **j** Ich finde Deutsch *sehr interessant.* **k** Ja, ich habe *eine Schwester und einen Bruder.* Meine Schwester ist *22 Jahre alt* und wohnt *in Manchester.* Sie ist *Lehrerin.* Mein Bruder ist *30 Jahre alt* und wohnt *in Spanien.* Er arbeitet *bei Santander in Madrid.* **l** Ja, ich habe *einen Sohn.* Er ist *drei Jahre alt* und geht *in den Kindergarten.* **m** Meine Mutter ist *57 Jahre alt* und ist *Verkäuferin bei Next in Birmingham.* Mein Vater ist *59 Jahre alt* und ist *Busfahrer in Birmingham.* Ich habe *auch viele Tanten und Onkel.* Sie wohnen *auch in Birmingham* etc.
2 Text A a Er wohnt (am Prenzlauer Berg) in Berlin. **b** Er hat zwei Brüder und zwei Schwestern. **c** Er spielt gern Klavier und E-Piano. **d** Er mag alte amerikanische Jazzmusik. **e** Er ist manchmal im Arsenal-Stadion in London. **f** Er mag die Pubs in London.
Texte B & C a Richtig. **b** Falsch. Loretta spricht auch Spanisch und Englisch, aber Mark spricht nur Englisch und Deutsch. **c** Falsch. Loretta ist 23 Jahre alt, aber Mark ist 26. **d** Falsch. Loretta mag Fußball nicht so sehr, aber Mark ist Arsenal-Fan. **e** Richtig. **f** Falsch. Loretta möchte Joachim nach einem Match treffen, aber Mark möchte Joachim im Stadion treffen.

Lektion 5

Abschnitt A

Übungen

1 1 = c.; 2 = d; 3 = b; 4 = a.
2 1 = c; 2 = a; 3 = b.

Grammatik (1)

1 der: *Supermarkt;* Biergarten; Park; Kiosk.
die: *Kneipe;* Kirche; Bank; *Post.*
das: *Hotel;* Café; Kino; Restaurant.
2 a einen; **b** einen; **c** eine; **d** eine; **e** ein; **f** ein; **g** ein; **h** einen; **i** ein; **j** eine; **k** einen.

Grammatik (2)

1 a *Nehmen;* **b** Gehen; **c** Trinken; **d** Kaufen; **e** Suchen; **f** Essen.
2 a *Nimm;* **b** Geh; **c** Trink; **d** Kauf; **e** Such; **f** Iss.
3

Sie-Form	du-Form	ihr-Form
Hören Sie bitte zu!	*Hör bitte zu!*	*Hört bitte zu!*
Telefonieren Sie nicht so viel.	Telefoniere nicht so viel.	*Telefoniert nicht so viel.*
Gehen Sie hier links.	Geh hier links.	Geht hier links.
Schreiben Sie eine E-Mail.	Schreib eine E-Mail.	Schreibt eine E-Mail.
Sprechen Sie lauter, bitte.	*Sprich lauter, bitte.*	Sprecht lauter, bitte.
Lesen Sie, bitte!	*Lies, bitte!*	Lest, bitte!

Abschnitte B & C

Übungen

1 1 *durstig;* **2** jetzt; **3** Kalorien; **4** eine; **5** bestellen; **6** bitte; **7** Eis; **8** Sie; **9** einen; **10** essen; **11** gemischtes; **12** ohne.
2 Warme Getränke: *Kaffee;* Kamillentee; Tee; heiße Schokolade. **Alkoholfreie Getränke**: Orangensaft; Cola; Mineralwasser; Limonade. **Alkohol**: *Schnaps;* Sekt; Bier; Rotwein; Weißwein; Weizenbier. **Essen**: Kirschtorte; Butterkuchen; gemischtes Eis; Sandwich.

Grammatik

1 a einen – eine; **b** einen; **c** einen; **d** einen; **e** ein; **f** eine; **g** einen – einen; **h** eine; **i** eine; **j** einen.
2 a den, **b** den; **c** den; **d** die; **e** die; **f** das; **g** das; **h** den – den; **i** das – die; **j** den – den.

Abschnitt D–1

Übungen

1 a *der Salat*; **b** die Karotte; **c** die Kartoffel; **d** das Ei; **e** das Brot; **f** der Apfel; **g** das Würstchen; **h** der Fisch; **i** die Zitrone; **j** das Hähnchen; **k** der Käse; **l** das Brötchen.

2 1 Käse; **2** Kartoffeln; **3** Würstchen; **4** Brot; **5** Tee; **6** Salat; **7** Äpfel; **8** Kuchen. Das neunte Wort ist: Karotten.

3

	eine Flasche	eine Dose	eine Packung	ein Stück	250 Gramm
Olivenöl	✓	✓			
Bier	✓	✓			
Karotten		✓	✓		✓
Salami			✓	✓	✓
Wasser	✓	✓			
Käse			✓	✓	✓
Brot			✓	✓	✓
Kaffee		✓	✓		✓

4 a Richtig. **b** Falsch. Andreas isst Pizza oder **Fisch**. **c** Falsch. Zu Mittag isst Konstantin **ein Baguette mit Käse oder Salami**. **d** Richtig. **e** Falsch. Andreas trinkt ein Glas Wein, aber Konstantin trinkt **Bier**. **f** Falsch. Magdalena isst **kein** Fleisch. Sie ist Vegetarierin.

Grammatik

1 i a *die Salate*; **b** die Pilze; **c** der Kurs; **d** die Kiosks; **e** *die Schnäpse*; **f** die Orangensäfte; **g** die Apfelsäfte; **h** die Supermärkte.
ii a die Karotten; **b** die Tomaten; **c** *die Dosen*; **d** die Tassen; **e** die Flaschen; **f** die Kartoffeln; **g** die Packungen; **h** die Zeitungen; **i** die Würste; **j** die Stadt.
iii a die Biere; **b** die Brote; **c** die Getränke; **d** *die Länder*; **e** die Bücher; **f** die Häuser.
iv a die Restaurants; **b** *die Cafés*; **c** die Hotels; **d** die Kinos; **e** die Salamis; **f** die Parks.
2 i a Flasche**n**; **b** Flasche**n**; **c** Dosen; **d** Orangensäft**e** – Apfelsäft**e**; **e** Packung**en**; **f** Baguette**s** – Weißbrot**e**;
g Packung**en**; **h** Salami**s**; **i** Plastikgläs**er**; **j** Serviette**n**.

Abschnitt D–2

Übungen

1 a *Ausstellungen*; **b** Biergarten; **c** Tag; **d** Abonnement;
e Kuchen; **f** teuer; **g** billig; **h** lieber.
2 a *Sie liest häufig die Zeitung.* **b** Er geht manchmal joggen.
c Er geht selten ins Theater. **d** Sie geht oft schwimmen. **e** Er geht nie in die Oper.

Grammatik

1 a Marianne geht *ins Café*. **b** Peter geht ins Kino. **c** Claudia geht in die Bäckerei. **d** Stefan geht in die Kirche. **e** Simone geht in den Biergarten.
2 Sample answers: a Ich gehe *sehr oft* ins Kino. **b** Ich gehe *samstags* in die Kneipe. **c** Ich gehe *jeden Tag* ins Café. **d** Ja, ich gehe *oft* ins Fitnessstudio. **e** Ich gehe *Freitag abends* in den Club. **f** Ich gehe *nur selten* ins Restaurant. **g** Ich gehe gern *in den Club, aber ich gehe nicht so gern ins Fitnessstudio.*

Und zum Schluss

1 Sample answers
a Zum Frühstück esse ich *meistens Müsli mit Milch und Obst.*
b Zum Frühstück trinke ich *meistens Kaffee.* **c** Zu Mittag esse ich *meistens ein Sandwich oder ein Baguette. Ich trinke ein Glas Mineralwasser oder einen Orangensaft.* **d** Zum Abendbrot esse ich *oft Fleisch und Gemüse und ich trinke ein Glas Rotwein.*
e Ich esse gern *Pasta und ich trinke gern Wein.* **f** Ich trinke morgens *lieber Kaffee und abends lieber Tee.* **g** Ich möchte bitte *ein Baguette mit Schinken und Salat. Und zum Trinken möchte ich eine Cola.* **h** Nein, *ich bin kein Vegetarier.* **i** Ja, *ich koche gern. Ich koche gern Pasta.* **j** Ja, *ich gehe sehr oft ins Café.*
k Ins Restaurant gehe ich *nur selten.* **l** Ich esse gern *indisch und italienisch.* **m** Ich gehe lieber *ins Kino.* **n** Ich gehe gern *in den Club, aber ich gehe nicht so gern ins Fitnessstudio.*
2 Diese Gerichte kann Susanna nicht essen:

3	5	8	9	11	13	16

Lektion 6

Abschnitt A

Übungen

1 a *Montag*; **b** Dienstag; **c** Mittwoch; **d** Donnerstag; **e** Freitag; **f** Samstag; **g** Sonntag.
2

a	b	c	d	e	f	g	h
6	8	4	5	2	7	3	1

3 1 *Einzelzimmer*; **2** möchten; **3** Nächte; **4** heute; **5** Dusche;
6 Internetzugang; **7** kostet; **8** Nacht; **9** Frühstück; **10** von; **11** bis; **12** essen; **13** Restaurant; **14** nehme; **15** Schlüssel; **16** Aufenthalt.

Grammatik

1 1 = e; 2 = c; 3 = g; 4 = b; 5 = f; 6 = a; 7 = d.
Es gibt vier Ja-Nein Fragen in Übung 1.
2 a Haben Sie ein Zimmer frei? **b** Wie lange möchten Sie das
Zimmer? / Für wie viele Nächte möchten Sie das Zimmer?
c Möchten Sie ein Zimmer mit Bad? **d** Wie viel / Was kostet
das Zimmer?**e** Wann gibt es Frühstück? **f** Hat das Zimmer
Internetzugang?

Abschnitt B

Übungen

1 a 9; **b** 4; **c** 1; **d** 7; **e** 5; **f** 8; **g** 2; **h** 3; **i** 6; **j** 10.
2 a Es ist ein Uhr nachmittags. **b** Es ist sechs Uhr abends. **c** Es
ist neun Uhr abends. **d** Es ist vier Uhr nachmittags. **e** Es ist elf
Uhr abends. **f** Es ist drei Uhr nachmittags. **g** Es ist zwei Uhr
nachts / morgens. **h** Es ist zwei Uhr nachmittags.

Grammatik

1 a In Moskau ist es sechs Uhr am Abend. **b** In London ist es
drei Uhr am Nachmittag. **c** In Hongkong ist es elf Uhr am
Abend. **d** In New York ist es zehn Uhr am Morgen. **e** In Rio
de Janeiro ist es zwölf Uhr am Mittag. **f** In Neu Delhi ist es
halb elf am Abend. **g** In Kapstadt ist es fünf Uhr am
Nachmittag. **h** In Los Angeles ist es sieben Uhr am Morgen.
i In Sydney ist es zwei Uhr in der Nacht.

Abschnitt C

Übungen

1 a aufstehen; **b** frühstücken; **c** duschen; **d** verlassen; **e**
arbeiten; **f** schreiben; **g** anrufen; **h** machen; **i** spielen; **j** kochen;
k trinken; **l** treffen; **m** einkaufen; **n** gehen; **o** lesen; **p** sehen.
2 a Um 9.00 Uhr steht er auf. **b** Dann duscht er. **c** Um 9.30
Uhr frühstückt er. **d** Er verlässt das Haus um 10.30 Uhr. **e** Um
11.00 Uhr kauft er ein. **f** Um 13.00 Uhr kocht er Essen. **g** Um
13.45 Uhr schreibt er eine E-Mail. **h** Am Nachmittag trifft er
Freunde. **i** Um 17.00 Uhr spielt er Tennis. **j** Um 20.00 Uhr
geht er ins Kino. **k** Um 22.00 Uhr trinkt er ein Bier. **l** Er geht
um 1.00 Uhr ins Bett.

Grammatik (1)

1 1 = c; 2 = f; 3 = e; 4 = a; 5 = d; 6 = b.
2 a auf; **b** an; **c** ein; **d** an; **e** fern; **f** ab; **g** auf; **h** fern;
i an; **j** ab; **k** an; **l** mit.

Grammatik (2)

1 a Dann esse ich Joghurt, Früchte und Croissants zum
Frühstück. **b** Danach kaufe ich meistens auf dem Markt ein.
c Um ein Uhr esse ich in einem Café zu Mittag. **d** Am
Nachmittag treffe ich oft Freunde. **e** Meistens gehen wir ins
Kino oder schwimmen. **f** Danach kochen wir etwas

zusammen. **g** Anschließend gehen wir gern tanzen. **h** Meistens
gehe ich um Mitternacht ins Bett.

Abschnitte D & E

Übungen

1

1	2	3	4	5	6	7	8	9	10	11	12
i	d	g	j	a	h	c	l	k	b	e	f

Grammatik

1 a muss; **b** Kannst; **c** kann; **d** muss; **e** können; **f** müssen;
g Könnt; **h** Müsst; **i** muss; **j** möchte; **k** Möchtest; **l** Möchtet.
2 a Ja, ich kann sehr gut / gut / ganz gut Auto fahren. Nein, ich
kann nicht gut / überhaupt nicht Auto fahren. **b** Ja, ich kann
sehr gut / gut / ganz gut Motorrad fahren. Nein, ich kann nicht
gut / überhaupt nicht Motorrad fahren. **c** Ja, ich kann sehr gut
/ gut / ganz gut Englisch sprechen. Nein, ich kann nicht gut /
überhaupt nicht Englisch sprechen. **d** Ja, ich kann sehr gut / gut
/ ganz gut Fußball spielen. Nein, ich kann nicht gut / überhaupt
nicht Fußball spielen. **e** Ja, ich kann sehr gut / gut / ganz gut
Klavier spielen. Nein, ich kann nicht gut / überhaupt nicht
Klavier spielen. **f** Ja, ich kann sehr gut / gut / ganz gut singen.
Nein, ich kann nicht gut / überhaupt nicht singen. **g** Ja, ich kann
sehr gut / gut / ganz gut tanzen. Nein, ich kann nicht gut /
überhaupt nicht tanzen. **h** Ja, ich kann sehr gut / gut / ganz gut
kochen. Nein, ich kann nicht gut / überhaupt nicht kochen.
3 Sample answers
Hier in London kann man sehr viel machen.
Am Samstagmorgen können wir einkaufen gehen. Am
Nachmittag kann man ins Museum gehen. Am Samstagabend
können wir tanzen oder ins Kino gehen.
Am Sonntag können wir im Hyde-Park spazieren gehen.
Bis Samstag. Viele Grüße
Marion

Und zum Schluss

1 Sample answers
a Ich stehe normalerweise um 7.45 Uhr auf. **b** Ich frühstücke
um 8 Uhr. **c** Zum Frühstück esse ich normalerweise ein Toast
mit Marmelade. **d** Ich gehe meistens um 8.15 Uhr aus dem
Haus. **e** Mein Studium fängt um 9.00 Uhr an. **f** Zu Mittag esse
ich gegen 1.00 Uhr. **g** Meistens esse ich ein Baguette mit Käse
oder Schinken. **h** Am Nachmittag habe ich meistens Seminare
oder ich arbeite in der Bibliothek. **i** Ja, ich kaufe meistens im
Supermarkt ein. **j** Am Abend lese ich oder ich sehe fern. **k** Ja, ich
gehe ins Kino und auch ins Theater und ins Konzert. **l** Ich gehe
oft ins Kino und ins Theater, aber ins Museum gehe ich nur
selten. **m** Ja, ich sehe abends oft fern. **n** Ja, ich lese jeden Tag
meine E-Mail. **o** Zu Abend esse ich gegen 7.00 Uhr.

p Normalerweise gehe ich *gegen 11.30 Uhr* ins Bett. **q** Am Wochenende *schlafe ich bis 9.00 Uhr. Ich besuche dann Freunde und gehe ins Kino. Abends arbeite ich in einer Bar.* **r** Hier in London kann man *sehr viel* machen – *zum Beispiel ins Kino, ins Theater, ins Museum und ins Restaurant gehen.* **s** Man kann *viel* machen. Man kann *zum Beispiel zu einem Fußballspiel gehen*; man kann *auch ins Konzert gehen.* **t** In der Woche muss ich *um 7.45 Uhr* aufstehen. **u** Ja, *ich muss am Wochenende arbeiten.* **v** Ich kann gut Tennis spielen. Ich kann *gut Französisch sprechen* und ich kann *auch gut fotografieren.* **w** Ich kann nicht so gut *früh aufstehen.* Ich kann nicht so gut *Japanisch sprechen* und ich kann auch nicht so gut *singen.* **x** Heute möchte ich noch *mit Freunden essen gehen.*

2 Lesen

a Richtig. **b** Falsch. Sie möchten Freitagnachmittag ins Kino gehen. **c** Falsch. Daniel und Steffi essen gern griechisch und im Stadtzentrum gibt es drei gute griechische Restaurants. **d** Richtig. **e** Falsch. Daniel trinkt überhaupt keinen Alkohol, wenn er fahren muss. **f** Richtig. **g** Richtig. **h** Richtig. **i** Falsch. Sonntags besucht er seine Oma. **j** Falsch. Seine Oma backt immer einen Kuchen.

Lektion 7

Abschnitte A & B

Übungen

1 a Die *Buchhandlung*; **b** Der Getränkemarkt; **c** Die Fleischerei oder Metzgerei; **d** Die Bank; **e** Die Apotheke; **f** Die Bäckerei; **g** Der Elektroladen; **h** Das Kaufhaus; **i** Die Drogerie; **j** Der Kiosk.
2 1 helfen; **2** Wochenende; **3** Reiseführer; **4** Deutsch; **5** Beispiel; **6** hat; **7** habe; **8** kostet; **9** Euro; **10** nehme; **11** bezahlen; **12** ist; **13** Wiedersehen.

Abschnitt A

Grammatik

1 a i; **b** ii; **c** i; **d** ii; **e** i; **f** i; **g** ii.
2 a *In der Apotheke*; **b** Im Kaufhaus; **c** Auf der Bank; **d** Im Kaufhaus; **e** In der Fleischerei / Metzgerei; **f** Im Supermarkt / im Getränkemarkt; **g** Im Supermarkt / auf dem Markt; **h** Im Café.

Abschnitt C

Übungen

1 a früh; **b** auf; **c** Dusche; **d** wach; **e** Brötchen – Honig; **f** Glas Tee; **g** Büro; **h** E-Mails; **i** Kunden; **j** Salat; **k** Feierabend; **l** stressig; **m** gern; **n** Konzert; **n** klassische Musik.
2 a Er steht auf und duscht. **b** Meistens isst er nur ein Brot mit Marmelade. **c** Seine Seminare fangen um 10.00 Uhr an. **d** Er findet sein Studium sehr interessant, manchmal ist es aber auch anstrengend. / Er findet sein Studium sehr interessant, aber manchmal auch anstrengend. **e** Zu Mittag isst er (jeden Tag) in der Mensa. **f** Um 14.00 Uhr ist er wieder in einem Seminar oder in einer Vorlesung. **g** Um 16.30 sitzt er meistens in der Bibliothek und lernt (und bereitet sich auf sein Examen vor). **h** Ja, am Wochenende arbeitet er in einem Restaurant.

Grammatik

1 1 = e; 2 =; d 3; = a; 4 =; g 5; = f; 6 =; c 7 = b.
2 a i *Akkusativ*; **ii** *Dativ*; **b i** Dativ; **ii** Akkusativ; **c i** Dativ; **ii** Akkusativ; **d i** Dativ; **ii** Akkusativ; **e i** Akkusativ; **ii** Dativ; **f i** Dativ; **ii** Akkusativ; **g i** Akkusativ; **ii** Dativ.
3 1 ins; **2** im; **3** in den; **4** ins; **5** im; **6** in den; **7** ins; **8** in die; **9** im; **10** ins; **11** in die; **12** in der; **13** ins; **14** im.

Abschnitt D

Übungen

1 a das Fahrrad; **b** der Bus; **c** das Auto; **d** das Motorrad; **e** das Flugzeug; **f** die U-Bahn; **g** der Zug; **h** die Straßenbahn.
1 = d; 2 = f; 3 = b; 4 = h; 5 = a; 6 = g; 7 = e 8 = c.
3 Verkehr; Straßenbahn; Zug; Bus; Auto; Bahn; Taxi; Fuß; Fahrrad; Verbindung; Fahrt; Fahrschein; Ticket; Monatskarte; Flug; Umwelt; Straße; Uni; umsteigen; parken; dauern; teuer; weit; Mofa.

Grammatik

1 a *dem*; **b** dem; **c** der; **d** dem; **e** dem; **f** dem; **g** dem; **h** der.
2 a Die Linie 12 fährt von der Universität zum Bahnhof. **b** Die Linie 18 fährt von der Michaelis-Kirche zum Stadtpark. **c** Die Linie 6 fährt vom Stadtpark zum Museum. **d** Die Linie 112 fährt vom Hotel Interconti zum Stadion. **e** Die Linie 24 fährt von der Bismarck-Schule zur Universität. **f** Die Linie 12 fährt vom Flughafen zum Stadtpark. **g** Die Linie 7 fährt vom Museum zur Michaelis-Kirche. **h** Die Linie 3 fährt von der Universität zum Flughafen.
3 a 1 mit dem; **2** zum. **b 3** mit der; **4** zur; **5** Von der; **6** zum. **c 7** zur; **8** mit dem. **d 9** mit dem; **10** zur; **11** mit der; **12** von der.

4 Sample answers

Ich fahre mit dem Bus und mit der U-Bahn zur Arbeit.
Die Fahrt dauert meistens 35 Minuten.
Ich muss vom Bus in die U-Bahn umsteigen.
Manchmal finde ich die Fahrt stressig. Es gibt oft zu viele Leute im Bus und in der U-Bahn. Man kann im Bus und in der U-Bahn oft nicht lesen.
Von der U-Bahnstation bis zu meiner Arbeit brauche ich nur 5 Minuten zu Fuß.
Ich habe eine Monatskarte. Sie kostet 95 Pfund.

Und zum Schluss

I a Richtig. **b** Falsch. Die Fahrt vom Hauptbahnhof zum Flughafen dauert nur 12 Minuten. **c** Richtig. **d** Falsch. Busse fahren alle 10 Minuten zum Flughafen. **e** Falsch. Man zahlt circa 16 Euro. **f** Richtig. **g** Richtig.

2 Sample answers

a *Normalerweise stehe ich um 7.30 Uhr auf.* **b** *Zum Frühstück esse ich* meistens einen Toast und *ich trinke* zwei Tassen Kaffee. **c** *Ich verlasse das Haus um 8.10 Uhr.* **d** *Ich fahre mit* dem Auto zur Arbeit.**e** *Die Fahrt dauert* meistens 20 Minuten.**f** *Nein, ich muss* nicht umsteigen. Ich fahre mit dem Auto. **g** *In meiner Stadt sind die Verkehrsverbindungen nicht sehr gut.* **h** *Meine Arbeit fängt um 8.30 Uhr an.* **i** *Am Vormittag* arbeite ich an meinem Schreibtisch. Ich beantworte E-Mails und Briefe und ich telefoniere mit Kunden. **j** *Zu Mittag esse ich* ein Sandwich und einen Apfel an meinem Schreibtisch. **k** *Am Nachmittag* arbeite ich an meinem Schreibtisch weiter. Manchmal gehe ich mit meinen Kollegen auf eine Konferenz. **l** *Feierabend mache ich meistens um 6.30 Uhr oder 7.00 Uhr.* / *Meine Uni ist meistens um 16.00 Uhr zu Ende.* **m** *Dann* fahre ich nach Hause. Ich trinke ein Glas Wein und bereite mit meiner Partnerin das Abendessen vor. **n** *Ich kaufe meistens* am Wochenende ein. Aber auch während der Woche muss ich manchmal im Supermarkt einkaufen. **o** *Ich kaufe meistens* im Supermarkt ein, aber wenn ich Zeit habe, kaufe ich auch frisches Gemüse, Obst und Blumen auf dem Markt. **p** *Nein, ich gehe* nicht gern shoppen. Ich finde es langweilig. **q** *Ich kaufe gern* Geschenke für meine Freunde und Familie. *Ich kaufe nicht gern* Lebensmittel. **r** *Am Samstag stehe ich* erst um 9.00 oder 9.30 Uhr auf. *Dann* kaufe ich im Supermarkt ein. *Am Nachmittag* gehe ich oft zum Fußballspiel. *Abends* besuchen meine Partnerin und ich oft Freunde. *Sonntags* stehe ich meistens spät auf. Wir fahren oft aufs Land und machen ein Picknick. **s** *Ich gehe gern* ins Kino und *ich gehe auch gern* ins Theater.

Lektion 8

Abschnitt A

Übungen

I a *geduscht;* **b** gefrühstückt; **c** gearbeitet; **d** gekauft; **e** gespielt; **f** gekocht; **g** telefoniert; **h** gesurft.

2 a *geduscht;* **b** frühstücken; **c** gearbeitet; **d** gekauft; **e** spielen; **f** gekocht; **g** telefonieren; **h** surfen.

3

	Fußball gespielt	ein- gekauft	gear- beitet	ein Konzert gehört
im Park	✓		✓	✓
auf dem Markt		✓	✓	
im Kranken- haus			✓	
im Garten	✓		✓	
zu Hause	✓		✓	✓

Grammatik

I

regulär	kein ge / trennbar
arbeiten → gearbeitet	besorgen → besorgt
brauchen → gebraucht	bestellen → bestellt
dauern → gedauert	besuchen → besucht
duschen → geduscht	erledigen → erledigt
haben → gehabt	verdienen → verdient
hassen → gehasst	
kaufen → gekauft	buchstabieren →
kosten → gekostet	buchstabiert
leben → gelebt	fotografieren → fotografiert
lernen → gelernt	studieren → studiert
lieben → geliebt	telefonieren → telefoniert
machen → gemacht	
reden → geredet	
sagen → gesagt	
schmecken →	abholen → abgeholt
geschmeckt	einkaufen → eingekauft
suchen → gesucht	vorbereiten → vorbereitet
tanzen → getanzt	
wohnen → gewohnt	

2 a *gedauert;* **b** gelebt; **c** gemacht; **d** geredet; **e** gesagt; **f** geschmeckt; **g** bestellt; **h** studiert; **i** besucht; **j** eingekauft; **k** abgeholt.

3 a *Ich habe heute um 8 Uhr gefrühstückt.* **b** Ich habe von 9 bis 17.00 Uhr gearbeitet. **c** Ich habe um 13 Uhr Mittagspause gehabt. **d** Ja, ich habe ein Paar Joggingschuhe gekauft. **e** Ja, ich habe mit meiner Schwester telefoniert. **f** Ja, ich habe Hähnchen mit Reis gekocht. **g** Am Abend habe ich Freunde besucht.

Abschnitt B

Übungen

1 i Unterhemd; Hemd; Tasse; Mantel; CD; Bild; DVD; Sonnenbrille; Foto; Uhr; Radio; Hut; Kännchen; Anzug; Zug; Telefon; Buch; Platte; Lampe; Wecker.
ii das Unterhemd; das Hemd; die Tasse; der Mantel; die CD; das Bild; die DVD; die Sonnenbrille; das Foto; die Uhr; das Radio; der Hut; das Kännchen; der Anzug; der Zug; das Telefon; das Buch; die Platte; die Lampe; der Wecker.
2 1 = c; 2 = d; 3 = e; 4 = g; 5 = b; 6 = h; 7 = a; 8 = f.

Grammatik

1 a groß; **b** neu; **c** langweilig; **d** leicht; **e** reich; **f** schlecht; **g** teuer; **h** langsam; **i** warm; **j** spät; **k** schön; **l** laut; **m** altmodisch.
2 a interessante; **b** modischen; **c** langweiligen; **d** neuen; **e** schönes; **f** billiges; **g** gute; **h** modische.

Abschnitt C

Übungen

1 1 Essen; **2** du; **3** gesund; **4** weine; **5** Hund; **6** verrückt; **7** zurück.
2 1 = c; 2 = g; 3 = j; 4 = b; 5 = a; 6 = d; 7 = i; 8 = f; 9 = e; 10 = h.

Grammatik

1 a *Um 7 Uhr ist Monika aufgestanden.* **b** Danach hat sie geduscht. **c** Um halb acht hat sie gefrühstückt. **d** Dann ist sie mit dem Fahrrad zur Arbeit gefahren. **e** Von halb neun bis ein Uhr hat sie am Computer gearbeitet. **f** Um ein Uhr hat sie zu Mittag gegessen. **g** Um halb acht Uhr hat sie eine Freundin getroffen. **h** Sie ist mit ihrer Freundin ins Kino gegangen. **i** Um 23.00 Uhr hat sie ein Buch gelesen. **j** Um Mitternacht ist sie ins Bett gegangen.
2

haben	sein
essen → gegessen	fahren → gefahren
finden → gefunden	fliegen → geflogen
geben → gegeben	gehen → gegangen
heißen → geheißen	kommen → gekommen
lesen → gelesen	laufen → gelaufen
sehen → gesehen	schwimmen → geschwommen
schlafen → geschlafen	bleiben → geblieben
schreiben → geschrieben	sein → gewesen
singen → gesungen	aufstehen → aufgestanden
sprechen → gesprochen	mitkommen → mitgekommen
treffen → getroffen	spazieren gehen → spazieren gegangen
trinken → getrunken	
bekommen → bekommen	
vergessen → vergessen	
verstehen → verstanden	
anfangen → angefangen	
anrufen → angerufen	
fernsehen → ferngesehen	

3 a *Hast gesehen;* **b** ist aufgestanden; **c** hat geschrieben; **d** haben getrunken; **e** haben gegessen; **f** ist gekommen; **g** bin gegangen; **h** ist gelaufen; **i** ist gewesen; **j** habe gelesen; **k** habe vergessen.

Abschnitt D

Übungen

1 a Vor ungefähr 6000 Jahren; **b** 1876; **c** 1989; **d** 1886; **e** *1835;* **f** 1969; **g** 1928; **h** 1973; **i** 2001.

2 a Früher sind nur wenige Leute mit dem Flugzeug geflogen. **b** Früher haben nur wenige Leute am Computer gearbeitet. **c** Früher haben nur wenige Leute mit einem Handy telefoniert. **d** Früher haben nur wenige Leute ihren Urlaub im Ausland gemacht. **e** Früher haben nur wenige Leute E-Mails an Freunde geschrieben. **f** Früher sind nur wenige Leute ins Fitnesscenter gegangen. **g** Früher haben nur wenige Leute zwei oder mehr Sprachen gesprochen.

Grammatik

1 a Peter hat eine E-Mail geschrieben. **b** Um 17.00 Uhr ist sie ins Fitnesscenter gegangen. **c** Ich habe um 10 Uhr ein Seminar gehabt. **d** Dann habe ich mit meinem Laptop in der Bibliothek gearbeitet. **e** Er ist heute 40 Minuten zur Arbeit gelaufen. **f** Früher haben Leute vielleicht weniger Stress gehabt. **g** Vor zehn Jahren hat Maria in München gewohnt.
2 a Erst hat Peter eine E-Mail geschrieben und danach hat er telefoniert. **b** Sie haben sich um 6 Uhr getroffen und um 8 Uhr haben sie ein Musical gesehen. **c** Er hat bis 6 Uhr gearbeitet und danach ist er ins Fitnesscenter gegangen. **d** Ich bin mit dem Fahrrad zum Bahnhof gefahren und dann habe ich die U-Bahn genommen. **e** Ich bin zuerst nach Hamburg geflogen und anschließend habe ich Berlin besucht. **f** Ich habe am Abend noch ein Bier getrunken und später habe ich sehr gut geschlafen.

Und zum Schluss

1 Sample answers
a *Heute bin ich um 7.15 Uhr aufgestanden.* **b** *Zum Frühstück habe ich* einen Toast mit Marmelade *gegessen.* **c** *Ich habe* zwei Tassen Tee *getrunken.* **d** *Ich bin um 8.00 Uhr* aus dem Haus *gegangen.* **e** *Ich bin mit* dem Bus und mit der U-Bahn *gefahren.* **f** *Am Vormittag habe ich zwei Seminare gehabt.* **g** *Zu Mittag habe ich* am Schreibtisch ein Baguette *gegessen.* Ich habe nicht in einem Restaurant gegessen. **h** *Ich habe* eine Flasche Mineralwasser *getrunken.* **i** *Am Nachmittag habe ich am* Computer gearbeitet. **j** *Ja, ich habe gestern* neue Jogging-Schuhe *gekauft.* **k** *Ja, ich habe* die Financial Times *gelesen.* **l** *Ja, ich habe gestern* Squash *gespielt.* **m** *Ich bin am Abend ausgegangen.* **n** *Ja, ich habe gestern* eine Stunde *ferngesehen.* **o** *Ich habe* ein Programm über Politik *gesehen.* **p** *Ich bin um* Mitternacht *ins Bett gegangen.* **q** *Früher habe ich* immer Abba *gehört. Jetzt höre ich* gern Morrissey. **r** *Früher habe ich in meiner*

Freizeit gern Fußball gespielt. *Jetzt* sehe ich in meiner Freizeit gern Fußballspiele im Fernsehen.

2 i a Er geht jedes Wochenende auf den Flohmarkt. **b** Er hat das Bild *Ruth und Naemi* von Julius Hübner gefunden. **c** 1945 hat man das Bild aus der Alten Nationalgalerie genommen und in einem Turm versteckt. **d** Sie hat es sechs Monate lang restauriert. **e** Es hängt jetzt wieder in der Alten Nationalgalerie.

ii a Falsch. Meistens findet er nichts Besonderes. **b** Falsch. Das Bild zeigt Ruth und Naemi. **c** Falsch. Er hat es für ein paar Euro gekauft. **d** Richtig.

Lektion 9

Abschnitt A

Übungen

1 a *ein Studentenwohnheim*; **b** eine Wohngemeinschaft; **c** ein Hochhaus; **d** ein Reihenhaus; **e** ein Zweifamilienhaus; **f** eine Altbauwohnung; **g** ein Hotel; **h** ein Einfamilienhaus.
2 a Garten; **b** 88 m^2; **c** Blick; **d** Stadtzentrum; **e** Miete; **f** Zimmer; **g**; Wohngemeinschaft; **h** Verkehrsverbindungen.

Grammatik

1 i a mit d**em** Bus; **b** mit d**er** U-Bahn; **c** in ein**em** Einfamilienhaus; **d** in ein**em** Hochhaus; **e** in ein**em** Studentenwohnheim; **f** in ein**em** Café; **g** in ein**er** Altbauwohnung; **h** in sein**er** neuen Wohnung; **i** mit ihr**er** Schwester; **j** mit sein**em** Bruder.
ii a In d**en** Zimmer**n**; **b** In d**en** Seminare**n**; **c** mit d**en** anderen Student**en**; **d** zu mein**en** Elter**n**; **e** In d**en** Hochhäuser**n**; **f** mit sein**en** zwei Töchter**n**; **g** zu sein**en** Geschwister**n**; **h** mit sein**en** Freunde**n**.
2 a *Ja, ich wohne noch in meiner alten Wohnung.* **b** *Ja, ich arbeite noch gern in meinem Garten.* **c** Ja, ich fahre meistens mit meinem Auto zur Arbeit. **d** Ja, ich habe gestern mit meiner Schwester telefoniert. **e** Ja, ich bin mit meinem Bruder in den Urlaub gefahren. **f** Ja, ich fahre am Wochenende noch oft zu meinen Eltern. **g** Ja, ich gehe noch oft mit meinen Freunden ins Kino. **h** Ja, ich bin gestern Abend mit meiner Freundin / meinem Freund ins Theater gegangen.

Abschnitt B

Übungen

1 1 = e; 2 = f; 3 = d; 4 = h; 5 = i; 6 = b; 7 = c; 8 = a; 9 = g.
2 a *leicht*; **b** schnell; **c** langsam; **d** spät; **e** teuer; **f** schwer; **g** leise; **h** neu; **i** hell.
3 Wohnheim; Bad; Staubsauger; Kühlschrank; Schrank; Zentrum; ruhig; Blick; Zentralheizung; weit; Flur; Arbeitsraum; Raum; Kinderzimmer; Zimmer; Küche; Sessel; Wohnung; Sofa; Bett; Tisch; Regal; Balkon; Keller; Klo; hell; Reihenhaus; Haus; Miete; Hochhaus; Rechnung; Garten.

Grammatik

1 a die Fleischer**ei** – die Bäcker**ei**; **b** das Muse**um** – das Studi**um**; **c** die Vorles**ung** – die Zeit**ung**; **d** der Kell**er** – der Comput**er**; **e** das Aut**o** – das Kin**o**; **f** die Mann**schaft** – die Wohngemein**schaft**; **g** die Informat**ion** – die Lekt**ion**; **h** die Flasch**e** – die Frag**e**; **i** der Hon**ig** – der Kön**ig**; **j** das Mäd**chen** – das Bröt**chen**.
2 a männlich: *Fernseher*; Wagen; DVD-Rekorder; Tennisschläger; Teller; Keller; König; Idealismus. **b weiblich**: *Waschmaschine*; Pflanze; Miete; Umgebung; Küche; Vergangenheit; Kleidung; Prüfung; Fleischerei; Zeitung; Kultur; Wohngemeinschaft; Vorlesung; Touristeninformation; Hautcreme; Minute. **c sächlich**: *Brötchen*; Kino; Instrument; Medikament; Büro; Würstchen; Museum; Studium; Studio; Foto.
3 a Das; **b** der; **c** das; **d** die; **e** das **f** die; **g** das; **h** die.

Abschnitt C

Übungen

1 A Stadt Es ist multikulturell. Man kann gut einkaufen. Das Nachtleben ist fantastisch. Es ist laut. Es gibt viele Museen und Kinos. Es ist schmutzig. Es ist sehr hektisch.
B Land Die Luft ist gut. Das kulturelle Angebot ist nicht so gut. Die Leute haben Zeit und sind nicht so gestresst. Die Verkehrsverbindungen sind nicht so gut. Es ist grün und es gibt viel Natur. Es gibt wenig Stress. Es ist ein bisschen langweilig.
2 a 1 in; **2** machen; **3** kulturelle; **4** Kunst; **5** dem; **6** Leben.
b 1 gelebt; **2** bin; **3** Leute; **4** besser; **5** gern. **c 1** auf; **2** gehabt; **3** studiert; **4** gearbeitet; **5** wieder; **6** stressig.

Grammatik

1 a älter; **b** altmodischer; **c** ärmer; **d** billiger; **e** bunter; **f** früher; **g** hässlicher; **h** hektischer; **i** interessanter; **j** kälter; **k** langweiliger; **l** langsamer; **m** lauter; **n** schlechter; **o** schwerer; **p** stressiger; **q** wärmer; **r** besser; **s** dunkler; **t** höher; **u** teurer.
2 a *Nein, in der Stadt ist es lauter als auf dem Land.* **b** Nein, in der Stadt ist die Luft schlechter als auf dem Land. **c** Nein, in der Stadt ist es interessanter als auf dem Land. **d** Nein, in der Stadt ist das Leben schneller als auf dem Land. **e** Nein, in der Stadt ist das kulturelle Angebot größer als auf dem Land. **f** Nein, in der Stadt haben die Menschen weniger Zeit als auf dem Land. **g** Nein, in der Stadt sind die Mieten meistens teurer als auf dem Land. **h** Nein, in der Stadt ist das Leben hektischer als auf dem Land.

Abschnitt D

Übungen

1 1 = g; 2 = f; 3 = a; 4 = h; 5 = d; 6 = b; 7 = j; 8 = e; 9 = c; 10 = i.
2 a 2, 6; **b** 1, 2, 6, **c** 7, 9; **d** 8; **e** 4; **f** 3; **g** 5.

Grammatik

I		Komparativ	Superlativ
a	billig	billiger	am billigsten
b	warm	wärmer	am wärmsten
c	kalt	kälter	am kältesten
d	lang	länger	am längsten
e	interessant	interessanter	am interessantesten
f	hektisch	hektischer	am hektischsten
g	hoch	höher	am höchsten
h	teuer	teurer	am teuersten
i	friedlich	friedlicher	am friedlichsten
j	dunkel	dunkler	am dunkelsten
k	gern	lieber	am liebsten
l	gut	besser	am besten

2 a Der Nil ist länger als der Rhein, aber der Amazonas ist am längsten. **b** Rom ist älter als Berlin, aber Damaskus ist am ältesten. **c** Kanada ist größer als Deutschland, aber Russland ist am größten. **d** Der Hase ist schneller als der Löwe, aber der Gepard ist am schnellsten. **e** Der BMW M6 ist teurer als der Maserati GranSport, aber der Ferrari F430 ist am teuersten. **f** In Kairo ist es wärmer als in Berlin, aber in Neu Delhi ist es am wärmsten. **g** In Sukkertoppen, Grönland, ist es kälter als in Fairbanks, USA, aber in Yellowknife, Kanada, ist es am kältesten. **h** Der Toyota Aygo ist billiger als der Opel Corsa, aber der Volkswagen Fox ist am billigsten.

Und zum Schluss

I Sample answers

a *Ich wohne in* einem Reihenhaus. **b** *Mein Haus hat* vier Zimmer – ein Wohnzimmer, ein Esszimmer, ein Schlafzimmer und ein Arbeitszimmer. *Und es hat natürlich auch* eine Küche und ein Badezimmer. **c** *Nein, ich habe kein Gästezimmer.* **d** *Die Zimmer sind* ziemlich klein und dunkel. Aber das Schlafzimmer ist groß und hell. Mein Arbeitszimmer hat einen Schreibtisch, einen Computer, einen Scanner, einen Drucker, ein Telefon, zwei Regale und einen Stuhl. **e** *Ja, ich habe einen kleinen Garten.* **f** *Ja, ich wohne mit meiner Partnerin / meinem Partner zusammen.* **g** *Wir haben* alte und moderne Möbel. **h** *Ja, wir brauchen* eine neue Küche. **i** *Ja, unser Haus liegt* ziemlich ruhig. **j** Unsere Straße ist ziemlich klein. Es gibt nicht viel Verkehr, aber es gibt sehr viele Leute. **k** *Es ist etwa 200 Meter bis zum nächsten Supermarkt.* **l** *Ich wohne* direkt in der Stadt. **m** *Ich wohne seit* drei Jahren in meinem Haus. **n** *Ich lebe* sehr gern in meinem Haus. **o** *Ich wohne lieber* in der Stadt. In der Stadt gibt es mehr zu tun. **p** *In der Stadt* gibt es Kinos, Theater, Museen etc. **q** *Auf dem Land* kann man sich besser ausruhen.

2 i 1 = h; 2 = e; 3 = f; 4 = b; 5 = c; 6 = a; 7 = d; 8 = g.

ii a ii; **b** ii; **c** i; **d** i; **e** i; **f** i; **g** ii; **h** i.

Lektion 10

Abschnitt A

Übungen

I a Ausdruck; **b** Neues; **c** Secondhandshops; **d** Typ; **e** Outfit; **f** Sachen; **g** Leute; **h** Modetrends; **i** Modeverkäuferin.

2

(✓)	(✗)
b c e h	a d f g

3 a sportliche **b** schwarze Sachen **c** langweilige Sachen **d** Ich trage gern modische Sachen. **e** Ich trage gern elegante Sachen. **f** Ich trage nie bunte Sachen. **g** Er trägt gern individuelle Sachen.

Grammatik

I a Das ist eine ruhige Wohnung. **b** Das ist ein großer Garten. **c** Das ist ein alter Fernseher. **d** Das ist ein kleines Zimmer. **e** Das war ein tolles Wochenende. **f** Das war ein schöner Abend. **g** Das sind altmodische Möbel. **h** Das waren sehr nette Leute. **i** Das ist eine gute Idee. **j** Das ist eine prima Idee. **k** Das war eine super Party.

2 i a gut**e**; **b** talentiert**er**; **c** fantastisch**er**; **d** interessant**es**; **e** gefährlich**er**; **f** lecker**es**, ungesund**es**; **g** schöne, komplizierte.

ii Sample answers

a Ich finde, Madonna ist eine talentiert**e** Sängerin. **b** Ich finde, Justin Timberlake ist ein ziemlich langweilig**er** Sänger. **c** Ich finde, *Metropolis* ist ein super Film. **d** Ich finde, *Harry Potter* ist ein aufregend**es** Buch. **e** Ich finde, Boxen ist ein brutal**er** Sport. **f** Ich finde, Fish und Chips ist ein typisch**es** englisch**es** Essen. **g** Ich finde, Deutsch ist eine sehr schwer**e** Sprache.

Abschnitt B

Übungen

I a das Hemd; **b** die Hose; **c** die Mütze; **d** die Jacke; **e** der Rock; **f** der Mantel; **g** die Krawatte; **h** der Anzug; **i** die Schuhe; **j** *die Stiefel*; **k** die Brille; **l** der Schal; **m** die Handschuhe.

2 i a die Schuhe; **b** *die Hüte*; **c** die Anzüge; **d** die Röcke; **e** die Strümpfe. **ii a** die Blusen; **b** die Hosen; **c** die Jacken; **d** die Krawatten; **e** die Mützen. **iii a** die Kleider; **b** *die Hemden*. **iv a** die T-Shirts; **b** die Outfits. **v a** *die Pullover*; **b** die Stiefel; **c** die Gürtel; **d** die Mäntel.

3 a Richtig. **b** Falsch. Zu Hause trägt sie gern Jeans und Pullover. **c** Falsch. Sie trägt gern alles, was modisch ist. **d** Richtig. **e** Falsch. Bei der Arbeit muss sie einen schwarzen Rock mit einer weißen Bluse tragen. **f** Falsch. Sie zieht nicht so gern Blusen und Röcke an. / Blusen und Röcke zieht sie nicht so gern an. **g** Richtig.

Grammatik

1 a weiß**en**; **b** grau**en**; **c** schwarz**en**; **d** dunkl**en**;
e modisch**en**; **f** hell**en**; **g** schwarz**en**.
2 a ein**e** alt**e** Jeans mit ein**em** alt**en** Hemd und bequem**en**
Schuhen; **b** ein**en** blau**en** Anzug mit ein**er** rot**en** Krawatte
und schwarz**en** Schuhen; **c** eine Jeans mit ein**em** modisch**en**
T-Shirt und schick**en** Puma-Schuhen; **d** ein**e** elegant**e** Bluse
mit ein**em** schön**en** Rock und elegant**en** Schuhen; **e** ein**en**
dick**en** Mantel mit ein**em** warm**en** Pullover und warm**en**
Stiefeln; **f** ein schön**es** Kleid mit leicht**en** Sommerschuhen;
g ein**e** schick**e** Jeans mit ein**em** modisch**en** Diesel-Sweatshirt
und modisch**en** Puma-Schuhen.

3 Sample answers

a An der Uni trage ich meistens eine schwarze Jeans und ein
schwarzes T-Shirt mit schwarzen Schuhen. Bei meiner Arbeit
als Barmann trage ich eine rote Jacke mit einer schwarzen
Krawatte und eine schwarze Hose mit schwarzen
Lederschuhen. **b** Zu Hause trage ich meistens ein graues
Sweatshirt und eine alte Jeans mit bequemen Schuhen. **c** Im
Winter trage ich immer warme Sachen – eine graue
Wolljacke mit einem bunten Schal, eine warme Hose mit
dicken Wollsocken und schwarzen Lederstiefeln. **d** Im
Sommer trage ich oft ein leichtes, buntes Hemd und eine
leichte, hellblaue Hose aus Baumwolle mit modischen
Turnschuhen. **e** Ich trage gern modische Sachen – am liebsten
ein schwarzes Hemd von Christian Dior und eine schwarze
Armani-Jeans mit einer schicken Jacke von Alexander
McQueen. **f** Ich trage nicht gern alte, schmutzige Sachen mit
alten Ledersandalen und weißen Socken.

Abschnitt C

Übungen

1 a eine *Bad-Taste-Party*; **b** eine Geburtstagsfeier;
c eine Studentenparty; **d** eine Hochzeit; **e** eine Grillparty;
f Weihnachten; **g** Silvester; **h** eine Hauseinweihungsfeier.
2 1 e, g; **2** b, f; **3** a, h; **4** c, i; **5** d, j.
3

männlich	weiblich	sächlich	Plural
Schal	Creme	Bild	Blumen
Champagner	Uhr	Parfüm	Handschuhe
Hund	Pflanze		(Schuhe)
Hut	Lederjacke		
Sekt	Krawatte		
Schirm			
Pulli			

Grammatik

1 a Man kann *ihr* zehn rote Rosen schenken. **b** Man kann ihm
ein Fußballtrikot von Manchester United schenken. **c** Man

kann ihr ein Abonnement für die Oper schenken. **d** Man kann
ihnen einen Kurztrip nach Paris schenken. **e** Man kann ihm
eine Schachtel Pralinen schenken. **f** Man kann ihr einen
Besuch in einem Wellnesscenter schenken. **g** Man kann ihnen
eine Espressomaschine kaufen.
2 a Peter schenkt seiner Mutter eine CD. **b** Sie haben ihren
Freunden eine Flasche Champagner geschenkt. **c** Wir haben
unserem Sohn eine Wohnung gekauft. **d** Hast du deiner
Mutter ein Geschenk zum Geburtstag gekauft? **e** Wir haben
unserer Tochter ein Auto geschenkt. **f** Fabian und Karin haben
wir eine schöne Lampe geschenkt. **g** Hast du deinen Kindern
Postkarten aus dem Urlaub geschickt? **h** Mein Großvater hat
mir ein wunderbares Essen in einem teuren Restaurant
bezahlt.

Abschnitt D

Übungen

1 a die *Kasse*; **b** der/die Verkäufer/in; **c** die Umkleidekabine;
d die Damenabteilung; **e** die Beauty Lounge; **f** der
Geldautomat; **g** der Ticketshop; **h** Young fashion; **i** die
Herrenabteilung; **j** die Lebensmittelabteilung.
2 1 *helfen*; **2** meinen; **3** liest; **4** Krimis; **5** empfehlen; **6** beliebt;
7 gelesen; **8** deutschen; **9** empfehlen; **10** spannender;
11 kostet; **12** nehme.

Grammatik

1 a Ihr; **b** uns; **c** mir; **d** uns; **e** ihm; **f** ihnen; **g** Ihnen;
h dir; **i** euch.

Und zum Schluss

1 Sample answers

a Danke, mir geht's sehr gut. **b** Ja, Mode ist wichtig für mich.
c Bei der Arbeit ziehe ich normalerweise einen dunkelgrauen
Anzug und eine blaue Krawatte an. **d** Zu Hause trage ich
meistens eine alte Jeans und einen hellblauen Pullover. **e** Ich
trage gern modische Sachen. **f** Ich trage nicht gern dunkle,
langweilige Sachen. **g** Für eine Grillparty ziehe ich meine
schwarze Armani-Jeans mit einem schwarz-goldenen Versace-
T-Shirt an. **h** Auf einer Hochzeit trage ich meinen silbergrauen
Dior-Anzug und eine blau-rote Krawatte mit schwarzen
Schuhen und blau-roten Paul-Smith-Socken. **i** Ich bringe ihm
eine neue Beethoven-CD und das neue Kochbuch von Jamie
Oliver mit. **j** Ich bringe ihr den neuen Lonely Planet
Reiseführer über Peru mit. **k** Ich bringe ihnen eine gute
Flasche Sekt mit. **l** Ich finde, Fish und Chips ist ein sehr
leckeres Essen. **m** Ich finde, Madonna ist eine sehr talentierte
Sängerin. **n** Meistens gefällt mir meine Arbeit, aber manchmal
ist sie auch stressig. **o** Ja, die deutsche Sprache gefällt mir sehr.
Sie ist aber sehr kompliziert. **p** Ich empfehle ihr *Der Vorleser*
von Bernhard Schlink. Er ist ein interessanter deutscher
Schriftsteller.
2 a *E*; **b** S; **c** S; **d** E; **e** E; **f** K; **g** S; **h** S; **i** E; **j** K.

Lektion 11

Abschnitt A

Übungen

1 a *Strandurlaub*; **b** Städtereise; **c** All-Inclusive-Urlaub;
d Wellnessurlaub; **e** Abenteuerurlaub; **f** Skiurlaub;
g Aktivurlaub; **h** Erholungsurlaub; **i** Kurzurlaub; **j** Kultururlaub.
2 a (✗); **b** (✓); **c** (✓); **d** (✓); **e** (✗); **f** (✗); **g** (✓).
3 a *bin ... aufgestanden*; **b** *bin ... gegangen*; **c** bin ...
geschwommen; **d** bin ... gelegen; **e** habe ... gefühlt; **f** haben ...
gemacht; **g** haben ... besucht; **h** hat ... gefallen; **i** bin ... gegangen;
j habe ... getrunken; **k** habe ... geschlafen.

Grammatik

1 a *in die*; **b** nach; **c** aufs; **d** in den; **e** ans; **f** nach; **g** zu; **h** in die;
i in; **j** auf.
2 1 in; **2** in; **3** Stadt; **4** gefallen; **5** freundlich; **6** ans; **7** kalt; **8** in
die; **9** nach; **10** nach.

Abschnitt B

Übungen

1 a Frühling; **b** Sommer; **c** Herbst; **d** Winter.
2 1 = e; **2** = h; **3** = i; **4** = c; **5** = a; **6** = d; **7** = g; **8** = b; **9** = f.

Grammatik

1 a Im Westen von Deutschland ist es neblig. **b** Im Osten von
Deutschland scheint die Sonne. **c** Im Norden von
Deutschland beträgt die Tagestemperatur 24 Grad. **d** Im
Nordwesten von Deutschland gibt es Gewitter. **e** Im
Südwesten von Deutschland hat es gestern geschneit. **f** Im
Norden von Spanien hat es Gewitter gegeben. **g** Im Süden
von Frankreich sind es heute 35 Grad.

Abschnitt C

Übungen

1 a Kanu und Kajak; **b** Bergsteigen; **c** Fahrradfahren; **d**
Kampfsportarten; **e** Reiten; **f** Tauchen; **g** Golf; **h** Paragleiten;
i Wandern; **j** Motorradfahren; **k** Surfen; **l** Segeln.
2 i 1 wichtig; **2** mache; **3** Kampfsportarten; **4** Freundin; **5** fit;
6 Außerdem; **7** Gemüse; **8** Bioladen; **9** Tee.
ii 1 arbeiten; **2** Sauna; **3** gesund; **4** hole; **5** aktiv; **6** Segeln;
7 Urlaub.

Grammatik (1)

1 1 = d; **2** = f; **3** = c; **4** = h; **5** = a; **6** = g; **7** = e;
8 = b.
2 a Wenn es morgen nicht regnet, gehen wir im Park

spazieren. **b** Wenn Gerds Bus bald ankommt, gehen wir
zusammen ins Kino. **c** Wenn du Hunger hast, gehen wir gleich
essen. **d** Wenn unser bester Spieler wieder fit ist, gewinnen
wir das Finale. **e** Wenn du morgen keine Zahnschmerzen
mehr hast, gehen wir zusammen shoppen. **f** Wenn ich morgen
wieder gesund bin, werde ich arbeiten. **g** Wenn meine
Freundin heute Abend zu Hause ist, kann ich bei ihr essen.
h Wenn das Wetter morgen schön ist, gehen wir schwimmen.

Grammatik (2)

1 a *soll*; **b** soll; **c** Sollst; **d** will; **e** wollen; **f** Willst; **g** will; **h** Darfst;
i darf; **j** Darf; **k** dürfen.

Abschnitt D

Übungen

1 a der Kopf; **b** das Ohr; **c** die Nase; **d** die Zähne; **e** der
Mund; **f** das Auge; **g** der Hals; **h** der Bauch; **i** die Hand; **j** das
Knie; **k** das Bein; **l** der Fuß.
2 i a *die Arme*; **b** die Köpfe; **c** die Bäuche; **d** die Füße;
e die Zähne; **f** die Hälse; **g** *die Münder*; **h** die Rücken; **i** *die
Busen*; **j** die Finger.
ii a *die Nasen*; **b** die Zehen; **c** die Zungen; **d** die Lippen; **e** die
Hände.
iii a *die Haare*; **b** *die Beine*; **c** die Knie; **d** die Gesichter; **e** *die
Augen*.
3 1 = g; **2** = d; **3** = e; **4** = c; **5** = f; **6** = h; **7** = a;
8 = b.

Grammatik

1 a Ich habe Halsschmerzen. **b** Ich habe Ohrenschmerzen.
c Ich habe Knieschmerzen. **d** Ich habe Beinschmerzen. **e** Ich
habe Rückenschmerzen. **f** Ich habe Kopfschmerzen. **g** Ich habe
Augenschmerzen. **h** Ich habe Zahnschmerzen.

Und zum Schluss

1 Sample answers
a Ja, ich treibe viel Sport. **b** Ich treibe fast jeden Tag Sport.
c Ich spiele gern Fußball. **d** Tennis spiele ich nicht so gern. **e** Ja,
ich gehe sehr gern ins Fitnesscenter. Ich gehe jeden Tag ins
Fitnesscenter. Das ist leider ziemlich teuer. Aber ich habe ein
Jahresabo – das ist dann billiger. **f** Ich darf im Moment nicht
jeden Sport treiben. Ich darf leider nicht Ski fahren. **g** Ich esse
meistens gesund. Aber leider esse ich auch gern Schokolade
und Kartoffelchips. **h** Ja, ich esse sehr viel Gemüse. Ich esse
Karotten, Brokkoli, Spinat und Spargel. **i** Ich darf nicht fettig
essen – zum Beispiel keine Butter und keinen Käse. **j** Ich trinke
ziemlich viel Wasser am Tag – meistens trinke ich einen Liter
oder mehr. **k** Ich schlafe meistens sieben Stunden pro Nacht.
l Ja, das ist genug. **m** Ich bin in meinem letzten Urlaub mit
meiner Freundin nach Berlin gefahren. Das war eine Kurzreise.
n Wir haben bei einem alten Freund gewohnt. **o** Wir sind

von Donnerstagabend bis Montagabend geblieben. **p** Wir haben sehr viel gemacht. Wir sind ins Museum gegangen. Wir waren auf dem Flohmarkt. Wir sind ins Theater gegangen. Wir haben in Restaurants gegessen. Wir sind mit dem Schiff auf der Spree gefahren. Wir sind viel spazieren gegangen. **q** Das Wetter war sehr gut – sonnig und warm, aber nicht zu warm. **r** Es hat uns sehr gut gefallen. **s** Das nächste Mal wollen wir nach Moskau fahren.

Lektion 12

Abschnitt A

Übungen

1 1 = c; 2 = e; 3 = g; 4 = b; 5 = i; 6 = f; 7 = a; 8 = h; 9 = d.
2 a *sprechen*; **b** Nachricht; **c** da; **d** zurückrufen; **e** Büro; **f** ausrichten; **g** Apparat; **h** verbinde; **i** besetzt; **j** Wiederhören.
3

1	2	3	4	5	6	7	8	9	10	11	12
d	f	j	e	h	c	k	g	l	i	a	b

Grammatik

1 a (✗); **b** (✓); **c** (✗); **d** (✓); **e** (✓); **f** (✗); **g** (✗); **h** (✓); **i** (✓); **j** (✗); **k** (✓); **l** (✗).

Abschnitt B

Übungen

1 a *Grundschule*; **b** Lehre; **c** Gymnasium; **d** Realschulabschluss; **e** Abitur; **f** Praktikum; **g** Werdegang; **h** Besondere Kenntnisse.
2 a *Franzose*; **b** arbeitslos; **c** Universität; **d** Lehre; **e** Lehrerin; **f** Automechaniker; **g** Student; **h** gute Chancen.
3 a *bin gegangen*; **b** *sind gezogen*; **c** habe besucht; **d** habe gemacht; **e** habe angefangen; **f** habe studiert; **g** bin gewesen; **h** habe gelernt; **i** habe gefunden.

Grammatik

1 i 1 *in*; **2** in; **3** in; **4** nach; **5** bei; **6** in; **7** nach; **8** seit; **9** in.
ii 1 in; **2** Von; **3** bis; **4** in; **5** auf; **6** Nach; **7** nach; **8** an; **9** Seit; **10** bei.
2 a *Ich bin 1984 geboren*. **b** Ich bin in Hamburg geboren. **c** Ich bin mit 6 Jahren in die Grundschule gegangen. / Mit 6 Jahren bin ich in die Grundschule gegangen. **d** Ich habe nach der Grundschule aufs Gymnasium gewechselt. / Nach der Grundschule habe ich aufs Gymnasium gewechselt. **e** Ja, ich habe 2003 das Abitur gemacht. **f** Ich habe nach dem Abitur 6 Monate in den USA gelebt. / Nach dem Abitur habe ich 6 Monate in den USA gelebt. **g** Ja, ich habe Informatik in Aachen

studiert. **h** Ich habe 2007 meinen Abschluss gemacht. / Ich habe meinen Abschluss 2007 gemacht. **i** Ich arbeite seit 2008 bei RTL in Hamburg. / Seit 2008 arbeite ich bei RTL in Hamburg.

Abschnitt C

Übungen

1 Halle; Südtirol; Jena; Graz; *Bundesrepublik*; Bremen; Berlin; Gera; Bayern; München; Zürich; Wien.
Salzburg; Hamburg; Nürnberg; Dresden; Schweiz; Worms; Bern; Österreich; Linz; Kiel; Bonn; Ulm; Köln.
2 1 *Muttersprache*; **2** Regionen; **3** Ländern;
4 Hauptstadt; **5** Bekannt; **6** Arzneimittel;
7 Einwohner; **8** Sehenswürdigkeiten;
9 Wiedervereinigung; **10** Städte; **11** Ausländer;
12 Gesellschaft.

3 a Deutschland hat neun Nachbarländer. **b** Sie heißen die Niederlande, Belgien, Luxemburg, Frankreich, die Schweiz, Österreich, die Tschechische Republik, Polen und Dänemark. **c** Die drei Bundesländer im Norden heißen Schleswig-Holstein, Niedersachsen und Mecklenburg-Vorpommern. **d** Die zwei Bundesländer im Süden heißen Baden-Württemberg und Bayern. **e** Am größten ist Bayern. **f** Die Hauptstadt von Niedersachsen heißt Hannover. **g** Die Hauptstadt von Bayern heißt München. **h** Frankfurt am Main liegt in Hessen. **i** Köln liegt in Nordrhein-Westfalen. **j** Die Elbe fließt durch Hamburg. **k** Der Rhein fließt durch Köln. **l** Die zwei Meere im Norden heißen die Nordsee und die Ostsee. **m** Das Gebirge im Süden heißt die Alpen.

Grammatik

1 a *Ich denke, dass Berlin eine interessante Stadt ist.* **b** Viele Leute glauben, dass die Deutschen keinen Humor haben. **c** Peter denkt, dass viele Leute in Österreich konservativ sind. **d** Viele Leute denken, dass ein wenig Alkohol gut für die Gesundheit ist. **e** Ich glaube, dass morgen die Sonne scheint. **f** Svenja sagt, dass sie mehr Sport machen will. **g** Corinna sagt, dass sie früher in Barcelona gelebt hat. **h** Jörg denkt, dass man in Bayern gut Urlaub machen kann.
2 a Ja, ich denke, dass die Deutschen viel Bier trinken. / Nein, ich denke nicht, dass die Deutschen viel Bier trinken. **b** Ja, ich glaube, dass *Harry Potter* ein gutes Buch ist. / Nein, ich glaube nicht, dass *Harry Potter* ein gutes Buch ist. **c** Ja, ich glaube, dass Madonna eine gute Sängerin ist. / Nein, ich glaube nicht, dass Madonna eine gute Sängerin ist. **d** Ja, ich glaube, dass ich gesund lebe. / Nein, ich glaube nicht, dass ich gesund lebe. **e** Ja, ich glaube, dass ich topfit bin. / Nein, ich glaube nicht, dass ich topfit bin. **f** Ja, ich denke, dass man in Deutschland viel für die Umwelt tut. / Nein, ich denke nicht, dass man in Deutschland viel für die Umwelt tut. **g** Ja, ich denke, dass Deutsch eine schwere Sprache ist. / Nein, ich denke nicht, dass Deutsch eine schwere Sprache ist.

Abschnitt D

Übungen

1 a Muttersprache; **b** Fremdsprache; **c** Grammatik;
d Schreiben, Sprechen; **e** Artikel; **f** Großschreibung; **g** Englisch;
h Sprachkurs.

2 a *Personalpronomen*; **b** Artikel; **c** trennbare Verben;
d Modalverben; **e** Präpositionen; **f** Geschlecht;
g Nomen; **h** Adjektive; **i** Possessivpronomen;
j Konjunktionen.

3 a (✗); **b** (✓); **c** (✗); **d** (✗); **e** (✓); **f** (✓).

Grammatik

1 a und; **b** denn; **c** aber; **d** wenn; **e** obwohl; **f** oder;
g dass; **h** weil.

2 i a ... oft geschäftlich nach Frankfurt fährt. **b** Susanna lernt
Deutsch, weil sie die Musik von Mozart und Beethoven liebt.
c Richard lernt Deutsch, weil er gern Sprachen lernt. **d** Carlo
lernt Deutsch, weil es gut für seine Karriere ist. **e** Myriam lernt
Deutsch, weil sie die deutsche Sprache sehr schön findet.
f Magda lernt Deutsch, weil sie in Österreich arbeiten möchte.
g Blanca und Robin lernen Deutsch, weil sie in Deutschland
Urlaub machen wollen.

ii Sample answer

Ich lerne Deutsch, weil meine Freundin/mein Freund aus
Deutschland kommt.

Und zum Schluss

1 Sample answers

a Ich komme aus Peru. **b** Peru hat fast 30 Millionen
Einwohner. **c** In Peru spricht man Spanisch und auch
amerindische Sprachen. **d** Die Hauptstadt heißt Lima. **e** Es
gibt zum Beispiel auch Arequipa und Huancayo. **f** Mein Land
ist zum Beispiel für die Inkas bekannt. Aber auch für Exporte
von Metallen wie Gold und Kupfer und von Kaffee. **g** Ich bin
in Huancayo geboren. **h** Ich bin 1989 geboren. **i** Ich bin in
Huancayo in die Schule gegangen. **j** Ich habe 2007 meinen
Schulabschluss gemacht. **k** Nach der Schule habe ich gleich
studiert. **l** Im Moment studiere ich an der Universität Leeds.
m Ich lerne Deutsch seit sieben Monaten. **n** Ich lerne
Deutsch, weil ich später in Deutschland studieren will. **o** Ja, ich
glaube, dass Deutsch eine schwere Sprache ist. **p** Nein, ich bin
noch nicht in Deutschland, Österreich oder der Schweiz
gewesen. **q** Ja, ich möchte diesen Sommer gern Deutschland,
Österreich und die Schweiz besuchen.

2 a Falsch. Südtirol heißt offiziell Autonome Provinz Bozen.
b Richtig. **c** Falsch. Fast 70 Prozent der Einwohner sprechen
Deutsch als Muttersprache. **d** Falsch. Alle Mitarbeiter von
öffentlichen Ämtern müssen Deutsch und Italienisch können.
e Richtig. **f** Falsch. Der Anteil der Bevölkerung mit Italienisch
als Muttersprache ist leicht zurückgegangen. **g** Falsch. Im
Norden und im Osten grenzt Südtirol an Österreich.
h Richtig. **i** Falsch. An den Grenzen zwischen Südtirol und
Österreich gibt es keine Grenzkontrollen mehr. **j** Richtig.

Glossary

This glossary lists the most important words that you have met during the course. It is not intended to be comprehensive.
* indicates that a verb or its root form is irregular. Many of these verbs are listed on page 250 of the main book.
| indicates that a verb is separable (e.g. an|rufen).

A

der Abend (-e)	evening
das Abendbrot	supper
abends	in the evening
das Abenteuer (-)	adventure
aber	but, however
ab|fahren*	to depart
die Abfahrt (-en)	departure
ab|heben*	to take off
ab|holen	to pick up, fetch
das Abitur (-e)	leaving exam at Gymnasium, roughly A-levels
das Abonnement (-s)	subscription
die Abteilung (-en)	department
Achtung!	attention!, watch out!
die Adresse (-n)	address
die Ahnung (-en)	idea, notion
der Alkohol	alcohol
alles	everything
alt	old
die Altbauwohnung (-en)	flat in a period block
das Alter	age
altmodisch	old-fashioned
die Ampel (-n)	traffic lights
die Ananas (-)	pineapple
das Angebot (-e)	offer, choice
andere	other, different
der Anfang (¨e)	beginning
an|fangen*	to begin, start
das Angebot (-e)	offer, range
angenehm	pleasant
angespannt	tense, fraught
der/die Angestellte (-n)	employee
die Anglistik	English language and literature
an|kommen*	to arrive
die Anreise (-n)	arrival
an|reisen	to arrive (by vehicle)
an|rufen*	to telephone, call up
anschließend	afterwards, subsequently
anstrengend	tiring, strenuous
die Antwort (-en)	answer
an|ziehen*	to put on
der Anzug (¨e)	suit
der Apfel (¨)	apple
die Apotheke (-n)	chemist shop, pharmacy
der Apparat (-e)	apparatus, phone
die Arbeit (-en)	work
arbeiten	to work
arbeitslos	unemployed
der Arbeitsraum (¨e)	study
arm	poor
der Arm (-e)	arm

der Arzt (¨e) / die Ärztin (-nen)	doctor
der Atlantik	Atlantic
auch	also
Auf Wiedersehen!	Goodbye!
der Aufenthalt (-e)	stay
auf|machen	to open, undo
aufregend	exciting
auf|stehen*	to get up
das Auge (-n)	eye
der Augenblick (-e)	moment
der Ausdruck (¨e)	expression
der Ausflug (¨e)	excursion, outing
ausgestattet	equipped
ausgezeichnet	excellent
die Auskunft (¨e)	information, directory enquiries
das Ausland: im Ausland	abroad
der Ausländer (-) / die -in (-nen)	foreigner
aus|probieren	to try out
jemandem etwas aus|richten	to pass on a message to someone
die Aussage (-n)	statement
aus|sehen*	to look, appear
außerdem	besides that, also
außerhalb	outside
die Aussicht (-en)	prospect, outlook
die Ausstellung (-en)	exhibition
das Auto (-s)	car
der Automat (-en)	(vending) machine
der Automechaniker / die -in (-nen)	mechanic
die Autowerkstatt (¨en)	car repair shop

B

das Baby (-s)	baby
backen*	to bake
die Bäckerei (-en)	bakery
das Bad (¨er)	bath
das Badezimmer (-)	bathroom
das Baguette (-n/-s)	baguette
die Bahn	rail, railway
der Bahnhof (¨e)	railway station
bald	soon
der Balkon (-s/-e)	balcony
die Bank (-en)	bank
der Banker (-) / -in (nen)	banker
der Bankkaufmann (¨er) / die -frau (-en)	qualified bank clerk
der Bauch (¨e)	stomach, belly
bauen	to build
der Baum (¨e)	tree

Bayern	Bavaria
beantworten	to answer
der Becher (-)	beaker, cup; sundae dish
bedeckt	overcast
bedienen	to serve
das Bedienungsgeld	service charge, tip
beenden	to finish
begrüßen	to welcome, greet
die Begrüßung (-en)	greeting
das Bein (-e)	leg
das Beispiel (-e)	example
bekannt	famous, well known
bekommen*	to get
beliebt	popular
benutzen	to use
das Benzin	petrol, gasolene
bequem	comfortable
beraten*	to advise
der Bereich (-e)	area, sphere
bereit	ready
der Berg (-e)	mountain
der Beruf (-e)	profession, occupation
berufstätig	working, employed
berühmt	famous
besetzt	busy, engaged
besonders	especially
Besonderes: nichts Besonderes	nothing special
besorgen	to see to, take care of
bestätigen	to confirm
bestellen	to order
die Bestellung (-en)	order
besuchen	to visit
betragen*	to amount to
das Bett (-en)	bed
die Bewerbung (-en)	application
bezahlen	to pay
die Bibel (-n)	Bible
die Bibliothek (-en)	library
das Bier (-e)	beer
der Biergarten (¨)	beer garden
bieten*	to offer
das Bild (-er)	picture
der Bildschirm (-e)	screen
die Bildung	education
billig	cheap
der Bioladen (¨)	health-food shop
bis	until, by
bisschen – ein bisschen	a bit (of)
bitte	please
blau	blue
bleiben*	to stay
die Blume (-n)	flower
der Blumenkohl (-e)	cauliflower
die Bluse (-n)	blouse
die Bohne (-n)	bean
der Bonbon (-s)	sweet
das Boot (-e)	boat
die Bordkarte (-n)	boarding card
brauchen	to need
braun	brown
der Brief (-e)	letter
der Brieffreund (-e) / die -in (-nen)	pen-friend
bringen*	to bring

der Brokkoli (-)	broccoli
das Brot (-e)	bread
das Brötchen (-)	bread roll
die Brücke (-n)	bridge
der Bruder (¨)	brother
die Brust (¨e)	chest, breast
das Buch (¨er)	book
buchen	to book, reserve
die Buchhandlung (-en)	bookstore
der Buchstabe (-n)	letter
buchstabieren	to spell
die Bundesrepublik Deutschland	the Federal Republic of Germany
bunt	colourful
das Büro (-s)	office
der Bus (-se)	bus
der Busfahrer (-) / die -in (-nen)	bus driver
die Bushaltestelle (-n)	bus stop
die Butter	butter

C

das Café (-s)	café
die CD (-s)	CD
der Champagner	champagne
der Chef (-s) / die Chefin (-nen)	head, boss
die Chemie	chemistry
das Comicheft (-e)	comic
der Computer (-)	computer
der Cousin (-s) / die Cousine (-n)	cousin
die Creme (-n)	cream (pharmaceutical)

D

da	there; also: here
damals	then, at that time
die Dame (-n)	lady
danach	after that, afterwards
daneben	next to
der Dank – Vielen Dank	thanks – Many thanks
danke – Danke schön	thank you – Thank you very much
danken (+ dat)	to thank
dann	then
darüber hinaus	furthermore
dauern	to last
denken*	to think
deponieren	to deposit
der Designer (-) / die -in (-nen)	designer
Deutsch	German (language)
Deutscher / Deutsche	German (person)
dick	fat
die Disco / Disko (-s)	disco
der Dom (-e)	cathedral
das Dorf (¨er)	village
dort	there
die Dose (-n)	can
die Drogerie (-n)	drug store
dunkel	dark
dürfen*	to be allowed to
durstig	thirsty
die Dusche (-n)	shower
duschen	to shower
die DVD (-s)	DVD

E

die Ecke (-n)	corner
eigentlich	actually
ein|checken	to check in
einfach	single (journey); simple
das Einfamilienhaus ("-er)	detached family house
ein|führen	to introduce
ein|kaufen	to shop
ein|laden*	to invite
die Einladung (-en)	invitation
einmal	once
der Eintritt (-e)	entrance, start
der Einwohner (-)	inhabitant
ein|ziehen*	to move in
das Eis	ice cream
das Elektroauto (-s)	electric car
der Elektroladen (")	electrical goods shop
die Eltern (pl)	parents
die E-Mail (-s)	e-mail
die Empfangsdame (-n)	receptionist (female)
empfehlen*	to recommend
das Ende (-n)	end
der Engländer (-)	Englishman, -woman
die -in (-nen)	
der Enkelsohn ("-e) /	grandson / -daughter
die -tochter (")	
entdecken	to discover
enthalten*	to contain
enthalten	covered, included
entlassen*	to release, dismiss
entschuldigen	to excuse
entspannt	relaxed
die Erbse (-n)	pea
die Erde	the Earth
die Erfahrung (-en)	experience
erfinden*	to invent
ergänzen	to complete
erhalten*	to receive
erledigen	to attend to, do
erreichbar	reachable
erreichen	to reach
erscheinen*	to appear
erst	only, not until
erzählen	to tell, narrate
essen*	to eat
die Etage (-n)	storey, floor
der Euro (-)	euro
evangelisch	Protestant
das Examen (-)	examination

F

das Fach ("-er)	subject
fahren*	to go (in a vehicle), drive
die Fahrkarte (-n)	ticket
der Fahrplan ("-e)	timetable (for transport)
das Fahrrad ("-er)	bicycle
die Fahrtkosten (pl)	transportation costs
die Familie (-n)	family
der Familienstand	marital status
die Farbe (-n)	colour
die Faxnummer (-n)	fax number
fehlen	to be missing, lacking
die Feier (-n)	celebration
Feierabend machen	to finish work
feiern	to celebrate

der Feiertag (-e)	public holiday
die Ferien (pl)	holidays
fern|sehen*	to watch TV
der Fernseher (-)	TV set
fertig	finished, ready
das Fest (-e)	party, celebration
das Fett	fat
der Film (-e)	film
der Finanzberater (-) /	financial advisor
die -in (-nen)	
finden*	to find, think
der Finger (-)	finger
das Fitnesscenter (s),	gym
-studio (-s)	
die Flasche (-n)	bottle
das Fleisch	meat
die Fleischerei (-en)	butcher's
fliegen*	to fly
fließend	fluent(ly)
der Flohmarkt ("-e)	flea market
der Flug ("-e)	flight
der Flughafen (")	airport
das Flugzeug (-e)	plane
der Flur (-e)	corridor / hall
das Foto (-s)	photo
der Fotograf (-en) /	photographer
die -in (-nen)	
fotografieren	to take photos
die Frage (-n)	question
fragen	to ask
der Franzose (-n) / die	Frenchman / -woman
Französin (-nen)	
Französisch	French (language)
die Frau (-en)	woman; Mrs
frei	free, vacant
der Freund (-e) / die	boyfriend / girlfriend; friend
Freundin (-nen)	
friedlich	peaceful, peaceable
frisch	fresh
der Friseur (-) /	hairdresser
die -in (-nen)	
die Frisur (-en)	hairstyle
die Frucht ("-e)	fruit
früh	early
der Frühling (-e)	spring
das Frühstück (-e)	breakfast
frühstücken	to have breakfast
fühlen	to feel
der Führerschein (-e)	driving licence
der Fuß ("-e)	foot
der Fußball ("-e)	football
die Fußgängerzone (-n)	pedestrian precinct

G

der Garten (")	garden
der Gast ("-e)	guest
das Gebäude (-)	building
geben*	to give
das Gebiet (-e)	area, region
der Geburtsort (-e)	place of birth
der Geburtstag (-e)	birthday
gefährlich	dangerous
gefallen* (+ dat)	to be pleasing
Es gefällt mir.	I like it.
gegen	around (of time); against

das Gegenteil (-e)	opposite
gehen*	to go
gehören (+ dat)	to belong to
der Geländewagen (-)	four-by-four, all-terrain vehicle
gelangen	to get to
gelb	yellow
das Geld (-er)	money
gemischt	mixed
das Gemüse	vegetables
genau	exact(ly), precise(ly)
genug	enough
geöffnet	open
das Gepäck	luggage
geradeaus	straight ahead
das Gericht (-e)	dish
gern – Ich trinke gern Tee.	I like drinking tea.
das Geschäft (-e)	business, shop
geschäftlich	on business
das Geschenk (-e)	present
die Geschichte (-n)	history, story
geschieden	divorced
der Geschlecht (-er)	gender, sex
der Geschmack (¨e)	taste
geschmackvoll	tasteful(ly)
die Geschwister (pl)	brothers and sisters
das Gesicht (-er)	face
gesund	healthy, well
die Gesundheit	health
das Getränk (-e)	drink
das Gewicht (-e)	weight
gewinnen*	to win
das Gewitter (-)	thunderstorm
die Gitarre (-n)	guitar
das Glas (¨er)	glass
glauben	to believe
gleich	straight away; also: equal, same
das Gleis (-e)	track
das Glück	fortune, luck, happiness
glücklich	happy
die Grafik (-en)	picture, graphic art
der Grafiker (-), die -in (-nen)	illustrator; graphic designer
das Gramm (-e)	gram
grau	grey
die Grenze (-n)	border
die Grippe (-n)	flu
groß	large, big
die Großmutter (¨)	grandmother
der Großonkel (-) / die -tante (-n)	great uncle / aunt
der Großvater (¨)	grandfather
grün	green
gründen	to establish, found
die Grundschule (-n)	primary school
ins Grüne	into the countryside
günstig	favourable, reasonable (of price)
die Gurke (-n)	cucumber, gherkin
der Gürtel (-)	belt
gut	good, fine
das Gymnasium (...ien)	grammar school

H

das Haar (-e)	hair
der Haartrockner (-), -fön (-e)	hair-dryer
haben*	to have
der Hafen (¨)	port, harbour
die Hähnchenbrust (¨e)	chicken breast
die Halbpension	half board
der Hals (¨e)	neck, throat
halten*	to stop
die Hand (¨e)	hand
der Handschuh (-e)	glove
die Handtasche (-n)	handbag
das Handy (-s)	mobile phone, cell phone
der Hang (-e)	slope, incline
hängen*	to hang
hassen	to hate
hässlich	ugly
häufig	frequently
das Hauptgericht (-e)	main course
die Hauptstadt (¨e)	capital city
das Haus (¨er)	house
die Hauseinweihungsfeier (-n)	house-warming party
die Hausfrau (-en)	housewife
der Hausmann (¨er)	house husband
die Haut (¨e)	skin
das Heimspiel (-e)	home match
heiraten	to marry
heiß	hot
heißen*	to be called
heiter	bright, fine
hektisch	hectic
helfen* (+ dative)	to help
hell	light, bright
das Hemd (-en)	shirt
der Herbst (-e)	autumn
der Herr (-en)	gentleman; Mr
das Herz (-en)	heart
heute	today
hier	here
hierbei	for this
hin und zurück	return; there and back
hinterlassen	to leave (a message)
das Hobby (-s)	hobby
das Hochhaus (¨er)	tower block
die Hochzeit (-en)	wedding
hoffen	to hope
hoffentlich	hopefully
der Höhepunkt (-e)	highlight
holen	to fetch, to get
der Honig	honey
hören	to hear
die Hose (-n)	(a pair of) trousers
das Hotel (-s)	hotel
der Hubschrauber (-)	helicopter
der Hund (-e)	dog
hungrig	hungry
der Hut (¨e)	hat

I

die Idee (-n)	idea
der Imbissstand (¨e)	hot-dog stand
immer	always
die Informatik	computer science
der Ingenieur (-e) / die -in (-nen)	engineer
die Innenstadt	town centre
die Insel (-n)	island

insgesamt — all together
interessant — interesting
der Internetzugang (¨e) — internet access
Italienisch — Italian

J

die Jacke (-n) — jacket
das Jahr (-e) — year
  vor einem Jahr — a year ago
die Jahreszeit (-en) — season
das Jahrhundert (-e) — century
jeder / jede / jedes — every, each
jeden Tag — every day
jetzt — now
der Job (-s) — job
der Joghurt — yoghurt
der Journalist (-en) / — journalist
  die -in (-nen)
die Jugendherberge (-n) — youth hostel
jung — young
der Junge (-n) — boy
Jura (ohne Artikel) — law

K

der Kaffee (-s) — coffee
das Kalbfleisch — veal
kalt — cold
der Kamillentee — camomile tea
das Kännchen (-) — pot
die Kantine (-n) — canteen, cafeteria
die Karotte (-n) — carrot
die Kartoffel (-n) — potato
der Käse — cheese
die Kasse (-n) — cash desk, checkout
katholisch — Catholic
kaufen — to buy
das Kaufhaus (¨er) — department store
kein — no, not a
der Keller (-) — cellar
der Kellner (-) / — waiter / waitress
  die -in (-nen)
kennen* — to know, be acquainted with
die Kenntnis (-se) — knowledge
  (often pl)
die Kette (-n) — chain
das Kilo (-/-s) — kilo
das Kind (-er) — child
das Kino (-s) — cinema
die Kirche (-n) — church
die Kirsche (-n) — cherry
die Klasse (-n) — class
klasse (inf.) — terrific, great
das Klassentreffen (-) — class reunion
das Klavier (-e) — piano
sich kleiden — to dress (oneself)
die Kleidung — clothing
klein — small
das Klima (-ta) — climate
die Kneipe (-n) — pub
das Knie (-) — knee
der Knoblauch — garlic
der Koch (¨e) / die — cook, chef
  Köchin (-nen)
kochen — to cook

die Kochmöglichkeit (-en) — somewhere to cook
der Kollege (-en) / die — colleague
  Kollegin (-nen)
komfortabel — comfortable
kommen* — to come
kompliziert — complicated
das Königshaus (¨er) — monarchy
können* — to be able to, can
das Konzert (-e) — concert
der Kopf (¨e) — head
der Körper (-) — body
der Körperteil (-e) — part of the body
korrigieren — to correct
die Kosmetikerin (-nen) — beautician, cosmetician
kosmopolitisch — cosmopolitan
kosten — cost
krank — ill, sick
das Krankenhaus (¨er) — hospital
die Krankenkasse (-n) — health insurance fund
der Krankenpfleger (-) / — nurse
  die -in (-nen)
die Krankenschwester (-n) — female nurse
die Krankenversicherung — health insurance
  (-en)
die Krawatte (-n) — tie
der Krimi (-s) — crime novel
die Küche (n) — kitchen
der Kuchen (-) — cake
kühl — cool
der Kühlschrank (¨e) — refrigerator
der Kunde (-n) / die — customer, client
  Kundin (-nen)
der Kundenberater (-) / — customer advisor
  die -in (-nen)
die Kunst (¨e) — art
der Kurs (-e) — course
kurz — short, shortly
die Küste (-n) — coast

L

der Laden (¨) — shop
die Lage (-n) — position
die Lampe (-n) — lamp
das Land (¨er) — country
  aufs Land fahren — to go the country
lang — long
langsam — slow(ly)
langweilig — boring
lassen* — to leave; let
laufen* — to walk, run
laut — loud, noisy
leben — to live
der Lebenslauf (¨e) — CV
die Lebensmittel (pl) — food
lecker — delicious, tasty
das Leder — leather
ledig — single, unmarried
legen — to lay, put
die Lehre (-n) — apprenticeship
der Lehrer (-) / — teacher
  die -in (-nen)
leid – das tut mir leid — I am sorry
die Leitung (-en) — line
lernen — to learn

lesen*	to read
die Leute (pl)	people
das Licht (-er)	light
lieben	to like very much, to love
lieber – Ich trinke lieber Kaffee.	I prefer drinking coffee.
die Lieblingsfarbe (-n)	favourite colour
das Lied (-er)	song
liegen*	to lie (in the sun, etc.)
die Limonade (-n) / die Limo (-s)	lemonade
die Linie (-n)	line, route
links	(on the) left
die Lippe (-n)	lip
das Lotto	national lottery
die Luft (¨e)	air
der Luftballon (-s)	balloon
Lust haben	to feel like

M

machen	to do, to make
das Mädchen (-)	girl
die Mahlzeit (-en)	meal
der Mais	sweet corn
malen	to paint
man	one
der Manager (-) / die -in (-nen)	manager
manchmal	sometimes
der Mann (¨er)	man
männlich	masculine
der Mantel (¨)	coat
das Märchen (-)	fairy tale
der Markt (¨e)	market
die Marmelade (-n)	jam, marmelade
das Maß (-e)	measure
die Mauer (-n)	wall
der Maurer (-) / die -in (-nen)	bricklayer
der Mechaniker (-) / die -in (-nen)	mechanic
das Medikament (-e)	medicine
das Meer (-e)	sea
die Mehrheit (-en)	majority
die Mehrwertsteuer (MwSt)	Value Added Tax (VAT)
meinen	to think, to mean
die Meinung (-en)	opinion
meistens	mostly
die Mensa (...sen)	refectory
der Mensch (-en)	person, human being
die Messe (-n)	(trade) fair
das Messegelände (-)	exhibition centre
der Metzger (-)/ die -in (-nen)	butcher
die Metzgerei (-en)	butcher's
mies (inf.)	rotten, very bad
die Miete (-n)	rent
mieten	to rent
die Mikrowelle (-n)	microwave
die Milch	milk
die Minderheit (-en)	minority
mindestens	at least
das Mineralwasser	mineral water

die Minute (-n)	minute
mit|kommen*	to come (along, as well)
der Mittag (-e)	midday
das Mittagessen (-)	lunch
zu Mittag essen	to have lunch
mittags	at midday
die Mittagspause (-n)	lunch break
die Mitte	middle
das Möbel (-)	furniture
möbliert	furnished
möchten – Was möchten Sie?	What would you like?
die Mode (-n)	fashion
modisch	fashionable
mögen*	to like
möglich	possible
die Möglichkeit (-en)	possibility
der Moment (-e)	moment
der Monat (-e)	month
die Monatskarte (-n)	monthly season ticket
monoton	monotonous
der Morgen (-)	morning
morgen	tomorrow
morgens	in the morning
das Motorrad (¨er)	motor bike
müde	tired
der Mund (¨er)	mouth
das Münster (-)	minster, cathedral
die Musik	music
der Musiker (-) / die -in (-nen)	musician
das Müsli (-s)	muesli
müssen*	to have to, must
die Mutter (¨)	mother
die Muttersprache (-n)	mother tongue
die Mütze (-n)	cap

N

der Nachbar (-n)/ die -in (-nen)	neighbour
der Nachhauseweg (-e)	the way home
nachher	afterwards
nachmittags	in the afternoon
die Nachricht (-en)	message
nach|sehen*	to have a look
die Nachspeise (-n)	dessert
die Nacht (¨e)	night
nachts	at night
die Nähe	proximity
in der Nähe von	near
der Name (-n)	name
namhaft	prestigious
die Nase (-n)	nose
natürlich	of course
der Nebel (-)	fog
der Neffe (-n)	nephew
nehmen*	to take
nett	nice
neu	new
die Neubauwohnung (-en)	newly-built flat
neulich	recently
nicht	not
die Nichte (-n)	niece

nie	never
noch	still
das Nomen	noun
die Nordsee	North Sea
normalerweise	normally
nötig	necessary
die Nudel (-n)	noodle, pasta
die Nummer (-n)	number
nun	now
nur	only
nutzen	to use
nützlich	useful

O

das Obst	fruit
obwohl	although
oder	or
der Ofen (¨)	oven, stove
offen	open
öffentlich	public
öffnen	to open
die Öffnung (-en)	opening
oft	often
das Ohr (-en)	ear
die Ökologie	ecology
das Öl	oil
die Oma (-s)	grandma
das Omelett (-e or -s)	omelette
der Onkel (-)	uncle
der Opa (-s)	grandpa
die Oper (-n)	opera
der Orangensaft (¨e)	orange juice
der Österreicher (-) / die -in (-nen)	Austrian
die Ostsee	the Baltic

P

die Packung (-en)	packet
das Parfüm (-s)	perfume
der Park (-s)	park
der Parkplatz (¨e)	parking lot
die Party (-s)	party
passen	to match, suit
die Pension (-en)	guesthouse, pension
pensioniert	retired
die Perle (-n)	pearl, bead
die Person (-en)	person
das Pfund	pound
der Pilz (-e)	mushroom
die Pizza (Pizzen)	pizza
die Platte (-n)	record
der Platz (¨e)	square, place, seat
die Polizei	police
der Polizist / die -in (-nen)	police officer
die Pommes (frites) (pl)	French fries
die Post	mail, post office
die Postkarte (-n)	postcard
das Praktikum (...ka)	work experience
die Praline (-n)	chocolate, praline
der Preis (-e)	price
Preußen	Prussia
prima (inform.)	brilliant, great
der Prinz (-en)	prince
das Problem (-e)	problem

der Produzent (-en) / die -in (-nen)	producer
die Prüfung (-en)	examination
der Psychologe (-n) / die Psychologin (-nen)	psychologist
der Pullover (-s), Pulli (-s)	pullover

Q

der Quatsch	(coll.) nonsense

R

das Rad (¨er)	wheel, cycle
Rad fahren	to cycle
das Radio (-s)	radio
die Radiosendung (-en)	radio broadcast
die Rakete (-n)	rocket
raten* (+ dat)	to advise
das Rathaus (¨er)	town hall
rauchen	to smoke
der Raum (¨e)	room, space
der Realschulabschluss (¨e)	roughly equivalent to GCSE in the UK
Recht haben	to be right
rechts	(on the) right
der Redakteur (-e) / die -in (-nen)	editor
reden (über + acc)	to talk (about)
das Regal (-e)	shelves
der Regen	rain
der Regenschirm (-e)	umbrella
regnen	to rain
reich	rich
das Reihenhaus (¨er)	terraced house
die Reinigung (-en)	dry cleaner's
der Reis	rice
die Reise (-n)	journey, trip
der Reiseführer (-)	travel guide, guidebook
reisen	to travel
der Rentner (-) / die -in (-nen)	pensioner
reservieren	to reserve
restaurieren	to restore
die Richtung (-en)	direction
der Rinderbraten (-)	roast beef
das Rindfleisch	beef
der Rock (¨e)	skirt
die Rolle (-n)	role
der Roman (-e)	novel
die Romantik	the Romantic Period
die Rose (-n)	rose
rot	red
der Rücken (-)	back
ruhig	quiet
das Rührei (-er)	scrambled egg
rund um die Uhr	around the clock

S

die Sache (-n)	thing
sächlich	neuter
der Saft (¨e)	juice
sagen	to say
die Sahne	cream
die Salami (-s)	salami

der Salat (-e)	salad
sammeln	to collect
der Sänger (-) / die -in (-nen)	singer
der Satz (-̈e)	sentence
sauber	clean
die S-Bahn (-en)	metropolitan railway
das Schach	chess
die Schachtel (-n)	box, carton
der Schal (-e)	scarf, shawl
die Schallplatte (-n)	record
scheinen*	to shine; to seem
schenken	to give (as a present)
scheußlich	terrible
schick	smart, chic
das Schiff (-e)	ship
der Schinken (-)	ham
schlafen*	to sleep
das Schlafzimmer (-)	bedroom
schlecht	bad
schließlich	after all, finally
schlimm	bad
das Schloss (-̈er)	castle
der Schluss (-̈e)	end
zum Schluss	finally
der Schlüssel (-)	key
schmecken	to taste
Hat es geschmeckt?	Did it taste good?
der Schmerz (-en)	pain
schmutzig	dirty
der Schnaps (-̈e)	spirit, hard liquor
der Schnee	snow
schneiden*	to cut; to edit
schneien	to snow
schon	already
schön	beautiful, nice
der Schotte (-n) / die Schottin (-nen)	Scot
der Schrank (-̈e)	cupboard
schrecklich	terrible
schreiben	to write
der Schreibtisch (-e)	desk
schreien*	to yell, scream
der Schriftsteller (-) / die -in (-nen)	author
der Schuh (-e)	shoe
die Schule (-n)	school
der Schwager (-̈) / die Schwägerin (-nen)	brother- / sister-in-law
schwarz	black
schwatzen	to chat
das Schweinefleisch	pork
die Schwester (-n)	sister
der Schwiegersohn (-̈) / die -tochter (-̈)	son- / daughter-in-law
schwimmen*	to swim
das Segeln	sailing
sehen*	to see, to watch
die Sehenswürdigkeit (-en)	sight (worth seeing)
sehr	very
die Seide	silk
sein*	to be
die Seite (-n)	page; side
der Sekretär (-e) / die -in (nen)	secretary
der Sekt	German bubbly wine
selten	seldom, rarely
der Sessel (-)	armchair
sicher	sure, certain(ly)
silbern	silver
der (auch: das) Silvester	New Year's Eve
simsen	to text, send a text message
singen*	to sing
sitzen*	to sit
Ski laufen* / fahren*	to ski
die SMS (-/-s)	text message
die Socke (-n)	sock
das Sofa (-s)	sofa
sofort	immediately
sogar	even
der Sohn (-̈e)	son
der Soldat (-en) / die -in (-nen)	soldier
sollen*	ought, should
der Sommer (-)	summer
die Sonne (-n)	sun
die Sonnenbrille (-n)	(pair of) sunglasses
sonnig	sunny
sonst	otherwise
Sonst noch etwas?	Anything else?
sowie	as well as
sowieso	in any case
spannend	exciting, thrilling
sparen	to save
der Spargel	asparagus
der Spaß	fun
es macht Spaß	it's fun
spät	late
Wie spät ist es?	What's the time?
spazieren gehen*	to go for a walk
der Spaziergang (-̈e)	walk
einen Spaziergang machen	to go for a walk
die Speisekarte (-n)	menu
das Spiel (-e)	game
spielen	to play
der Spinat (-e)	spinach
der Sport (-e)	sport
Sport machen/treiben*	to do sport(s)
die Sprache (-n)	language
die Sprachschule (-n)	language school
sprechen*	to speak
die Staatsangehörigkeit (-en)	nationality
das Stadion (Stadien)	stadium
die Stadt (-̈e)	town, city
die Stadtführung (-en)	guided tour (of a town)
stark	strong(ly)
starten	to take off, be launched
die Station (-en)	(tube) station
der Stau (-s)	traffic jam, tailback
der Staubsauger (-)	vacuum cleaner
stehen*	to stand
stellen	to put, to place
das Stellenangebot (-e)	job advertisement
sterben*	to die
der Stiefel (-)	boot
die Stimme (-n)	voice
stimmen	to be correct

das Stipendium (-ien)	grant
der Strand (¨e)	beach
die Straße (-n)	street
die Straßenbahn (-en)	tram, street-car
stressig	stressful
der Strumpf (¨e)	stocking
die Strumpfhose (-n)	pair of tights
das Stück (-e/-)	piece
der Student (-en) /	student
die -in (-nen)	
das Studentenwohnheim (-e)	student residence
studieren	to study
das Studium (Studien)	study
der Stuhl (¨e)	chair
die Stunde (-n)	hour
suchen	to look for, to seek
der Supermarkt (¨e)	supermarket
die Suppe (-n)	soup
das Surfen	surfing
süß	sweet
die Süßigkeit (-en)	sweet, confectionery

T

die Tablette (-n)	tablet
der Tag (-e)	day
der Tagesablauf (¨e)	daily routine
der Tagungsraum (¨e)	conference room
talentiert	talented
die Tante (-n)	aunt
tanzen	to dance
die Tasche (-n)	bag
die Tasse (-n)	cup
das Tauchen	diving
das Taxi (-s)	taxi
der Taxifahrer (-) /	taxi driver
die -in (-nen)	
der Techniker (-) /	engineer, technician
die -in (-nen)	
der Tee (-s)	tea
der Teil (-e)	part
teilen	to share, divide
das Telefon (-e)	telephone
das Telefongespräch (-e)	phone call
telefonieren (mit + dat)	to telephone
die Temperatur (-en)	temperature
der Tennisschläger (-)	tennis racket
der Termin (-e)	date, appointment
der Terminkalender (-)	appointments diary
teuer	dear, expensive
der Texter (-) /	copy-writer
die -in (-nen)	
das Theater (-)	theatre
das Thema (Themen)	topic, theme
der Tisch (-e)	table
der Tischler (-) /	carpenter
die -in (-nen)	
die Tochter (¨)	daughter
der Tod	death
toll	great, terrific
die Tomate (-n)	tomato
die Torte (-n)	tart, flan
total	total(ly)
der Tourist / die -in (-nen)	tourist

die Touristeninformation (-en)	tourist information
die Tournee (-n)	tour
tragen*	to wear
trainieren	to train, work out
der Traum (¨e)	dream
treffen*	to meet
der Treffpunkt (-e)	meeting place
trennbar	separable
trinken*	to drink
der Tropfen (-)	drop
trotzdem	nevertheless
Tschüss!	Bye!
die Tulpe (-n)	tulip
tun*	to do
der Türke (-n) /	Turk
die Türkin (-nen)	
der Turm (¨e)	tower
der Turnschuh (-e)	trainer
die Tüte (-n)	bag
der Typ (-en)	type
typisch	typical

U

die U-Bahn (-en)	tube, subway
überhaupt nicht	not at all
übermorgen	the day after tomorrow
die Übernachtung (-en)	overnight stay
übersetzen	to translate
das U-Boot (-e)	submarine
die Übung (-en)	exercise
die Uhr (-en)	clock
neun Uhr	nine o'clock
die Umfrage (-n)	survey
der Umgang	contact, dealings
die Umkleidekabine (-n)	changing cubicle
um|steigen*	to change (a train, bus, etc.)
die Umwelt	environment
um|ziehen*	to move (house)
und	and
ungefähr	approximately, about
die Universität (-en)	university
das Unterhemd (-en)	vest
unterrichten	to instruct, teach
unterschiedlich	different, variable
unterzeichnen	to sign
der Urlaub (-e)	holiday

V

der Vater (¨)	father
die Verabredung (-en)	arrangement, appointment
die Verantwortung	responsibility
das Verb (-en)	verb
verbinden*	to connect, join
die Verbindung (-en)	connection, link
verboten	forbidden
verbringen*	to spend (time)
verdienen	to earn
die Vergangenheit (-en)	past
vergessen*	to forget
verheiratet (mit + dat)	married (to)
verkaufen	to sell
der Verkäufer (-) /	shop assistant
die -in (-nen)	